不会说话你就输了

李 宏 编著

中国出版集团　现代出版社

图书在版编目（CIP）数据

不会说话你就输了 / 李宏编著 . -- 北京 : 现代出版社，2019.1

ISBN 978-7-5143-7235-9

Ⅰ . ①不…　Ⅱ . ①李…　Ⅲ . ①语言艺术—通俗读物　Ⅳ . ① H019-49

中国版本图书馆 CIP 数据核字（2018）第 157110 号

不会说话你就输了

作　　者	李　宏
责任编辑	杨学庆
出版发行	现代出版社
通讯地址	北京市安定门外安华里 504 号
邮政编码	100011
电　　话	010-64267325　64245264（传真）
网　　址	www.1980xd.com
电子邮箱	xiandai@vip.sina.com
印　　刷	北京兴星伟业印刷有限公司
开　　本	880mm×1230mm　1/32
印　　张	5
版　　次	2019 年 1 月第 1 版　2022 年 1 月第 2 次印刷
书　　号	ISBN 978-7-5143-7235-9
定　　价	39.80 元

前　言

当你和上司提及你对公司的发展意见时，却被泼了一头冷水；当你向下属传达工作要求时，他们却爱搭不理；当你和你的孩子交谈以期他们健康成长时，却没有任何功效；当你和你的爱人说起自己对生活的期待时，却总是被冷落……

你遇到过上述问题吗？生活中，我们见过太多任性、不肯受委屈、脾气又不好的人。这种人最大的问题就是很多时候并无恶意，但因为要逞口舌之快，以致四面树敌，人缘尽失。而一个善于沟通的人是永远不会这样做的，因为他更明白，想要做人成功，做事成功，是须外在与内心全都顾及的。那些与人争吵时的慷慨陈词，不会为我们赢得一丝他人的好感，甚至事后自己也会后悔不迭。这就是既失面子又失"里子"的双失行为。如果用一句话形容，只能是：爱逞口舌之快，处世不够成熟！

这是一本彻底改变你说话逻辑的口才训练宝典。

生活中，许多人都会遇到一些尴尬的情况：很清楚事情的来龙去脉，但就是说不清楚；说话前言不搭后语，没有条理，自己也不知道在说什么；每次自己还没说完，听的人不是打断就是转身离去；一说话就紧张、尴尬，更让别人茫然、着急。这都是因为我们不懂得逻辑说话术。

　　确实，生活中，逻辑无处不在。尤其是在说话时，是否有逻辑更显得尤为关键。本书通过分析人们日常说话中的常见逻辑错误，总结出有逻辑说话、有条理表达、有趣味交流的有效技巧，会帮助你在瞬间提升各种场合的口才能力，让你开口就能打动人心，句句都说到别人心里去。

　　如果你想要说话大受欢迎，用好口才使自己强大，就从现在开始尝试有逻辑地说话吧！

目　录

第一章　掌握语言的魔力 / 001

白马非马说 / 003

一词多义语焉不详 / 008

空穴来风语句障眼 / 011

善于遣词巧用歧义 / 014

以偏概全合举误推 / 017

化大为小分举误推 / 019

成心作难复杂问语 / 021

第二章　舌头多拐几道弯，把丑话说成好话 / 023

场面话，既要懂得说，更要习惯说 / 025

话不能说死，言中有意话中有话 / 028

话语委婉，使人如沐春风 / 030

求人办事，绕开困难再开口 / 032

说就说些他人得意之事 / 034

套近乎，学会跟陌生人说话 / 036

伤人面子胜似挖人心 / 038

插嘴懂方法，有缝就得钻 / 040

首次见面要一炮打响 / 044

让好情绪引领舌头 / 049

第三章　委婉含蓄，玩好"太极推拿手" / 051

激之以道义，抓住突破口达到目的 / 053

侧面突袭，要击中对方"要害" / 056

正话反说，声东击西 / 060

委婉含蓄，不能把话说得太实太直 / 063

言语对抗不代表人身攻击 / 066

怒火中烧不如"绵里藏针" / 068

给瘸子支根拐杖——让他有"地"放矢 / 071

第四章　赞美话要说得舒心、热情才能沁人心脾 / 073

捧人不是万能的，不捧人却是万万不能的 / 075

虚则实之——要善说恭维话 / 077

在第三者面前赞美人效果更好 / 081

赞美之词要有"闪光点" / 085

难言之隐要成"脱口秀" / 088

赞美要注意对策 / 090

"高帽"要规格适当 / 093

好话要尽快说出口 / 095

将"恭维"发扬光大 / 098

领导要懂得适时夸奖下属 / 100

第五章　多听少说常点头，耐心倾听胜滔滔滥讲 / 103

倾听对方的不快心情 / 105

竖起耳朵，闭上嘴巴 / 107

三缄其口益无边 / 110

常说话，但不必说太多 / 113

善解人意的人会听话 / 116

第六章　说出去的话收回来难，三思才能滴水不漏 / 119

打肿脸也不是胖子，该拒绝就得拒绝 / 121

揭人之短，伤人自尊 / 124

过于锋利的刀子容易伤及自身 / 127

"忌口"的话题不可多谈 / 130

不可出力不讨好——避免被人误解 / 134

第七章　批评要批到点子上——巧妙批评的话别人最爱听 / 137

巧妙批评，注意委婉而不攻击 / 139

批评时，不能伤害别人的自尊心 / 142

批评讲究艺术，做到"良药不苦口" / 144

从对方能接受的角度去批评 / 147

批评讲究方式，别人会更乐于接受 / 149

巧批别人，让对方理解你的难处 / 151

第一章

掌握语言的魔力

　　语言的魔力，也是语言的魅力之一。它胜过才华横溢，超越雄辩韬略。以一当十，是助你成功的武器。

白马非马说

语言是人类的机能，是一种以语音为物质外壳，以词汇为建筑材料，以语法为结构规律而构成的符号体系。语言同思维有密切的联系，是思维的工具，是思维的自然物质，是思维的直接现实。所以，思维对于各种事物的反应，一经语言说出，都是符号。

符号作为信息的载体具有两个不同的层次：一是指示语言的意义描述。例如："上海浦东是长江口最大的开发区"这句话中的"上海浦东"表示存在于长江口上的那个地理上真正的上海浦东的符号、名称，"上海浦东"具有所指，有实在意义，按中国古人说法是"实"。按现代逻辑，"上海浦东"在这句话中是有指称的对象，可以被分析、被断言，因而是对象语言。

二是指示语言文字本身。例如："'上海浦东'是四个字"这句话中的"上海浦东"只是指出其在语言中是什么，指示的是语言文字本身，是语词，没有实在意义，是语言的标志，按中国古人的说法是"名"。按现代逻辑，这样的语言是论说、断言对象语言的语言，是元语言。

用对象语言陈述的理论称为对象理论，用元语言陈述的理论称作元理论。对象语言和元语言的区别是相对的，在一定条件下的对象语言转换条件时可能完成为元语言。在《英汉词典》

中，英语词条是被解释、被断定的对象语言，进行解释、加以断定的汉语释文则是元语言；在《汉英词典》里，关系倒了过来，汉语词条成了对象语言，英语释文成了元语言。在条件不变的情况下，对象语言和元语言的区别又是绝对的，两者不能混淆，也不能混用。如果不显语言的这种层次划分，用元语言对陈述对象理论，或用对象语言去断定元语言，混淆他们的层次和作用，轻者造成思维无确定性，无法交流、传达准确的信息，重者则是诡辩。名实混一法的实质就是故意搞乱对象的名实关系，混淆对象语言和元语言的不同层次、不同作用而形成的诡辩方式。

早在古代，名实混一法就成为名辩家们的一种手法运用到论辩中：《庄子·天下》书中记载战国时代名家中一些辩士所提出的 21 个命题，有许多涉及名实关系。

"目不见"。在这一命题中，"目"有两层语义：一是作为对象语言，即指"目"的实在意义，指其有"见"的功能，是认识主体的视觉器官，每个人在现实中也经验到目可见物；二是"目"也可作为元语言使用，即从"名"的意义上说，"目"只是一个符号、概念，从这一角度看，确实"目不见"。但这只是语言结构中的一个层次。"目不见"的命题说明古人看到名实关系中名的一面，是认识的一大进步，但他们以名代实，忽视或取消了"实"的一面，就把问题片面化了，命题成为诡辩。

"火不热"命题也是运用上述手法制造出来的。古代辩者通过这一命题揭示出火之名不等于火之实，因而不具有热之性。换言之，作为对象语言的火，有所指是具体的火、知觉上的火，人能觉火而知热；作为元语言的火，只是语词，是概念上的火，人只能知火之名，而不觉有火之热。热作为元语言也是概念，也是共相，人不能知觉到。蒸气热而非火，火星以火命名而又不热，从这些现象中古代辩者看到火与热两者可分离，人能离实而言名。这表明古人认识有进入、深入思维的抽象性层次，能把对象的某个片面拿出来进行专门探讨。但分析不能代替综合，思维能离实而言名，对"名"进行进一步探讨，但这只是认识的一个方面，把这一方面夸大成全部，从逻辑上说，就是诡辩。

"鸡三足"命题。这是名家通过"鸡足一，数足二，二而一，故三"推论过程得出的。这一推论中，名家辩士对名和实是各取所需。"鸡足一"中的"鸡足"是语词，表示鸡足之概念，是"名"，属元语言；"数足二"中的"数足"表示具体经验上鸡足的数目，是"实"，属对象语言。然后他们把代表"名"的"鸡足一"和代表"实"的"数足二"相加得出"鸡足三"的结论。实际上两者各有特定的含义，两者不同类，不能相加。其错误实质仍然是混淆名实关系。其他如"山出口""指不至，至不绝"等命题也是运用上述方法提出的。

混淆对象语言和元语言层次，搞乱名实关系的典型例子，源自古希腊的一个美丽传说：

很久以前，古希腊的克里特岛上住着一个名叫厄匹门尼德的人。他年幼时，有一天跑到一座荒凉的小山丘玩耍。玩累了以后，走到一个常去的山洞休息。不料，他在山洞里一下睡着了。这一觉竟睡了 57 年。他醒来后，发现自己已经成了大学者，谙熟哲学和医学，并能预知将来要发生的种种事件。于是，岛上的人称他为"先知"。据说他喜欢和人讨论一些难以解答的问题，借以显示自己具有非凡的智慧。一天，他在和别人讨论关于克里特岛人是否诚实的问题时，厄匹门尼德断言：

"所有克里特岛上的人都是说谎者。"

由于厄匹门尼德本人也是克里特岛人，这就给判断此人断言是真是假带来了麻烦。如果他的这句话是真的，那么他本人也不能排除在外，他也是说谎者。说谎者自然说假话，因此这句断言应当是假的。如把这个断言稍加改动，变成说谎者说："'我在说谎。'"就构成真正的悖论。

对这种涉及自身的句子是无法断定其真假的。如果他的话是真的，那么"说谎"就意味着他在说假话；如果他的话是假的，那么就意味着他没有说谎，他是在说真话。这样，由其真可推出他是假的，而由其假又可以推出他是真的。这岂不是自相矛盾，然而却是事实。这就是有名的说谎者悖论，困惑西方两千多年，直到现代才得到初步解决。

波兰语言学家塔斯基认为这种语义悖论的根源是混淆了语言层次。比如：厄匹门尼德的断言"所有克里特岛上的人都是说谎者"这句话就混淆了语言层次。一是克里特岛人说克里特岛人，涉及自身；二是这句话断言了对象语言的真假性，应该属于元语言。对象语言中出现元语言，把句子的断言作用和被断言作用混淆起来，句子将变得无意义。塔斯基主张，为了避免这种混乱，必须清楚地把语言和对语言做出陈述的元语言区别开来，并且把"真"和"假"这样的词仅仅看成元语言的谓词。由此他完善了对象语言和元语言的划分，较好地解决了语义悖论问题。

一词多义语焉不详

语言是由语句组成的。语言、语句有着本身特定的结构和规则，只有依照这些结构和规则以及语句的语气、停顿、口气的改变，造成语句歧义、语义模糊，而导致诡辩的手法。具体手法有：

模糊施受关系。如："反对的是个别人"这句话，就有"反对者是个别人"和"被反对者是个别人"这样两种含义。

利用某些特殊语句结合后形成的多重含义。过去的算命、拆字先生往往利用这种诡辩骇人。

例如，你想问问自己父母的生死情况，算命先生说："父在母先死。"这句话有父母生死的七种可能性：父在母死；母死父在；父母均死但父先死；父母均亡但母先死；父母均健在，但将来父先死；父母在，但母将先死；父母同时死都统统包括进去。其中仅最后一种可能性极小，除意外事故外，不会出现。现实的父母情况就是前六种。一句"父在母先死"在这六种情况下全都解释得通。其实算命先生什么断定也没下，听的人不知其故，还觉得说得对。在这里是钻了语焉不详的漏洞。

当然语焉不详如用得好也可起保护作用。

古代曾有位姓张的老者，原有一女，招赘一女婿入门。后小老婆给其生一子，取名一飞。一飞四岁时，老者死去。病重时老者对其女婿说："小妾生的儿子没有资格处理我的财产。理应全都给你们夫妻。你们只要养活他们母子，饿不死冻不着，你们就积了阴德了。"口说无凭，于是留下遗嘱一份写道："张一非我子，家财都给女婿，外人不可来争夺。"女儿女婿就全部拥有了张老者的家财，毫无纷争。十数年后儿子长大了，诉状到官府，要求分一部分家产。女婿拿出老者的遗嘱交到官府查验，官司自然判女婿胜诉。儿子不服，过了一段时间，刚好有位钦差到此地巡视，便又状告此事。儿子把状子、女婿把遗嘱又送到钦差大人那里。此次，钦差研究了那个遗嘱，添了一个字，改了标点便成为："张一非（飞）我子，家财都给他。女婿外人，不可来争夺。"接着说："你老丈人明白无误地说了女婿外人，你还敢霸占他的家产吗？他故意把'飞'写成'非'，就是考虑到他儿子年纪还小，怕被你伤害罢了。"于是，把张家的财产全部判给了小妾所生的儿子张一飞。人们纷纷称赞张老者的先见之明，用一纸模糊遗嘱，保全了儿子和家产。

有些文法结构虽然合理，但使用中对不同的领会者，有不同的含义，这也容易造成语焉不详。例如，"下雨天留客天留我不留"这句话语法无问题，但确切含义是什么，不清楚。为什么呢？使用不同的节拍和停顿，会有下面三种意义：下雨天留客，天留我不留；下雨天，留客天，留我不？留；下雨天，留客天，留我不留？一句话有三层意思，各不相同，给领会者造成困难，给诡辩者以可乘之机。

含糊语句。这是现实交往中出现最多的，最易误解的一种类型。如："三个学生的家长"是指三个家长，还是一个家中有三个学生的家长，没有说清楚。再如："他利用职权包庇流氓儿子的罪行已经揭露，有关单位也正在检查。"这句话中的"罪行"究竟是"他的"还是"他儿子的"？如果他确实犯了包庇罪，包庇的对象是他的儿子，还是别人的儿子？"流氓的儿子"，儿子是流氓，还是父亲是流氓。句中的"有关单位"是"他的单位"，还是"儿子"的单位或其他什么单位？"有关单位正在检查"中的"检查"是什么意思呢？是正在"调查"这件事，搞清事实经过，还是因为出了这件事，犯了错误，进行"检讨和反省"呢？

空穴来风语句障眼

　　辩论在论辩阶段，双方都有责任为自己的观点提出与论题相关的论据，使辩论得以正常进行。而语句障眼法则是诡辩者利用种种语句，试图摆脱举证论据的责任，诱使对方相信自己没有证据的观点的正确性。

　　用包含自明之意的语句强调辩者的观点是某种自明之理，不容争议。常用的做法是在自己主张的观点前面或后面加上诸如：

　　"再清楚不过的是……"

　　"众所周知……"

　　"人所共知……"

　　"头脑清楚的人不会怀疑……"

　　"无须解释的是……"

　　这些语句有一种暗示，谁怀疑其观点，谁让其举出证据做进一步解释，谁便愚蠢之极。见到这些语句，对方不得不望而却步。实际上，这些语句很可能是一种障眼法，是诡辩者靠其掩盖论点虚弱的烟幕，防止对方进一步追击的盾牌，靠这类的烟幕和盾牌的掩盖可轻而易举地停止对方对自己观点的怀疑，进而接受其论点。这类语句可统称自明表达式。

　　自我担保式。运用诸如：

"我可以向您保证……"

"请绝对相信我……"

"我确信……"

"我坚信……"

"没有理由不相信……"

"我以人格担保……"

这些语句，说明自己完全可以担保观点的正确性。靠这种方式，诡辩者把举证论据的责任推卸掉，或变相把自己的道德品行、人性、誓言等变成论证的证据。实际上这些保证、誓言与要证明的论题根本无关。但用上了这些语句，无形中给对方施加了压力，使其不敢轻易提出疑点和反驳。

"本质"推卸式。是回避举证论据的另一种手法。例如：下面的句式属这种封闭式形式：

"从根本上说，法国人是很褊狭的。"

"现在的年轻人很懒。"

"妇女有占有的天性。"

在此种类型中，诡辩者避免使用量词，而用所有、有些、大部分等词对句子进行限定，同时又常常加上一些没有确定指向的、不固定的"本质式的"修辞手段，如"真正的""从根本上说""从性质上说""从实质上说"之类的词，使语言或句子表达的论点与内容没有明确的限定。什么时候论点才算完全被维护，让人弄不清楚；何时算否定了论点，搞不明白；需要多少例证才能有效，让人无法确定。

　　比如，讨论中对方如果提出几个显示妇女并没有什么占有欲的例子，以反驳"妇女有占有的天性"，但仔细一分析，反驳是无力的，因例证和论题没有关系，论题没有数量词，即没有明确指所有妇女还是大部分，所以用数量去反驳是无效的。辩者运用这种方式还可以有目的地给论点设置一道防止批评的防线，运用这种方法进行诡辩是一种更具理论伪装的狡辩，我们要注意识别。

善于遣词巧用歧义

　　词语是人们说话中的声音，书写中的文字，是概念的物质载体，而概念则是词语的思想内容。最初，词语和概念是一一对应的关系。随着历史的发展，文化水平的提高，词语与概念的关系也复杂起来。出现一义多词，如旅店就有宾馆、招待所、旅社、饭店、大车店、驿站等词表述；出现一词多义，如"花"与不同的词构成的词组中有不同含义："花朵""花色""花枝招展""花俏"等；同一词组在不同的语境中有不同的含义，如"算了"是指算过了呢？还是不予追究了呢？要据语境而定。如果不注意语词的这些变化，就要闹笑话。

　　前几年有一个科技代表团访问美国。有一天，一位华裔老科学家来到代表团驻地看望老朋友。有位团员向老科学家问候说："您爱人身体好吗？"老华裔听后，满脸不悦，气氛很尴尬。还是精通美国文化的副团长补充了一句："啊，我们是问您太太身体好吗？"对方这才恢复常态，并说："我是七十多岁的人了，今天我儿子也在场，你们竟问起我的情人来了。"

　　原来，我们说的爱人指丈夫或妻子，而美国的爱人仅指"情人"，不具妻子之意。问候者不知"爱人"一词的含义在中、美两国有天壤之别。不知者不怪，这只能算不懂词语的多义性而造成的失误。

对于那种故意利用词语的多义性，否定不同语境下同一词语的不同含义的做法，则另当别论，那是故意造成词语的歧义，以达到某种目的，属词语歧义法诡辩。如有师徒对话：

师傅：你怎么上班看书？

徒弟：我看的是杂志。

师傅：杂志也是八小时之外看的。

徒弟：对，我看的就是《八小时之外》。

师傅无言以对。

徒弟在这里就是运用词语多义法为自己的错误行为进行诡辩。第一步用看杂志否定是看书，书的广义包含杂志，但徒弟用看"杂志"否定是看书。第二步，师傅说的"八小时之外"在这一语境下指闲暇时间，徒弟的回答变换了语境，《八小时之外》是杂志名称。

还有这样一个推论：有意杀人者应处死刑，行刑者是有意杀人者，所以，行刑者应处以死刑。显然，其结论是极端荒谬的。它利用了词语歧义法，故意违背了同一词语在不同语境有不同的含义的规则。"有意杀人者"在两个前提中有不同的含义。"有意杀人者应处死刑"中的"有意"是指为满足自己的私欲，有目的、有计划实施犯罪，"杀人"是杀无辜的人。"行刑者是有意杀人者"中的"有意"是根据有程序的法律判决，代表大众的意愿，奉命进行，"杀人"是杀犯了当杀之罪的犯人。

再如以下推论：所有的日本兵很小，所以，日本军队是小军队。推论混淆了两个"小"的含义。日本兵很小的"小"字指身材矮小的小，而日本军队很小的"小"，则指规模大小的小，不能从身材矮小推断出军队规模小。

当然，还可巧用词语歧义法。包公曾用此法智断婚姻案：

某村财主之子李正频幼时与同村员外之女庄小姐订了婚。不料李正频18岁时，一把火把家财全部烧光，嫌贫爱富的庄小姐由此见异思迁，又同有财有势的钱秀才订了百年之好，庄小姐有了两个未婚夫。此事被李正频得知，便一纸诉状告到开封府包大人处。包公令差役将庄小姐、钱秀才传到堂上审问，本希望说服他们解除婚约，使庄小姐重归李正频。但庄小姐执意不从，包公一看强劝不成，只得智取。于是让钱秀才、庄小姐、李正频三人面向包公竖排跪下。庄小姐前面跪着钱秀才，后面是李正频，包公有言在先："公道无戏言，你愿同前夫结婚，还是愿同后夫结婚，由你自己选择，但一经认定就不能改口，一边让师爷成文，让小姐画押，一边说："庄小姐究竟贤惠，不嫌贫穷，还是认定要同前夫结婚。"于是对李正频说："庄小姐已自愿认定你这个前夫，你们回去成亲吧。"此时，庄小姐明白过来，可木已成舟，一想李正频也不错，也就不再计较了。

包公在断此案时，站在李正频一方，有意促成他们的好事，故意利用词语歧义来询问庄小姐，引她上当。"前夫"这个词语有两个词义：一可指前面跪着的未婚夫，二可指前面订婚的未婚夫。庄小姐说的前夫是指跪在前面的钱秀才，而包公却给解释成以前与庄小姐订了婚的李正频。利用"前"字的不同所指，包公解决了这个难题。

以偏概全合举误推

合举误推，指在推论中把整体某部分属性，强加到整体上，或依据某一集合体的个别因素、个别构成分子的属性，推论整个集合体也具有这种属性的方法。

最早提出这种方法的是亚里士多德，他称此法为"合谬"。但现代说的"合举误推"与"合谬"已有所不同，范围已经大大扩展了。

"合举误推"也是诡辩的常用手法之一，推论中，这种诡辩手法涉及的范围还是比较广的。例如下面这个推论：

"一只大象吃的东西比一只老鼠吃得多，所以，大象吃的东西多于老鼠吃的东西。"

表面看推论似乎有理，但是，它其实是"合举误推"的诡辩。因为从个体讲，一只大象是比一只老鼠吃得多，但这只是个体消耗的比较，这个个体消耗绝不能推广到整体比较中。在整体比较中，大象的数量总和和老鼠的数量总和要起作用。现实中老鼠的数量的总和要远远大于大象的数量总和，所以其推论是错误的。以下也是类似的例子：

"人体是由细小的细胞组成的，所以，人体是细小的。"

每一个细胞虽小，但构成人体的细胞数量却达天文数字，而且不断新陈代谢，积小成大，所以其结论是错误的。

"现实中每个人的认识都是有限的，所以，人类的认识是有限的。"

确实，现实的人生活在具体的社会中，受其个体文化知识、智力水平以及社会实践条件的限制，每个具体的人认识是有限的。但人类整个则完全不是这种状况，从数量说，是无法计算的，是随世代的延续无穷尽的，而且社会生产力也是无穷发展的。在这动态的发展中，人类的认识能力的发展也是未有穷期。所以，绝不能把现实具体个人的认识属性不加分别地推广到人类总体上去。这种推论的实质是以有限代替无限。

请看下面的例子：

一个人坐着时，

他是能够行走的。

这样说在语句表达上是可以的，也是正确的，如人坐在马车等交通工具上时，但这种语句不能合起来讲：

他能在坐着时行走。

这就是亚里士多德从语句方面讲的"合谬"的谬误，即把不能合的语句合起来了。

需要指出的是对有些运用"合举误推"得出的结论，有时会起到敲警钟的作用。

化大为小分举误推

在语句中，有的词语是反映事物的整体特性的，而有的词语是反映整体各部分的具体属性的；有的词语反映的是事物的绝对性质，而有的词语反映的是事物的相对性质。就以物自身说，有的事物整体是有结构的整体。如一部小说，它不是任意组合起来的句子；有的事物的整体本身没有结构，如沙滩只是不同数量沙粒的总和。整体构成不同，决定表示相对性质的词不能简单地转给其部分。

而分举误推就是不考虑上述种种区别，把本来属于整体的属性，不恰当地转移到某一部分属性上，造成错误结论的方法。

例如这样推论：

（1）中国军人是勇敢的。

我是中国人，我是勇敢的。

（2）中国人是伟大的。

小李是中国人，小李是伟大的。

（3）群众是真正的英雄。

我是一名普通的群众，

我是真正的英雄。

这些例子均属分举误推。例中提到的整体都是有结构的，整体的特性是大多数个体优秀特性的结晶，是大多数个体合力的结果，并不表示每个构成部分均有整体的属性。把整体的属性无一例外地推到每个构成成员上，必然是谬误的结论。

在生活中，人们都有购物的经历。人们在购物时，都是反复比较挑选的。即使买某种合格率达 99% 的商品时，也不例外，依然认真。为什么呢？因为合格品比例虽高，但并不是 100%，并不能保证每件产品都是合格品。如不挑选，那 1% 的非优质品就可能落到你的头上，这时对你来说 99% 的高比率合格率一点意义也没有，落到你头上的是 100% 的不合格品。这就是说产品 99% 的合格率是对总体而言的，它不是说每件产品的合格率是 99%，整体的属性不能简单地推广到其构成部分上。

分举误推最早发现者是古希腊的亚里士多德，在西方思想史上他第一个系统地给种种诡辩分了类。在《辩谬篇》中，他从语句的角度提出，把不能分的东西分开就是分举误推。这是分举谬误的基本含义。比如"八等于三加五"这句话是正确的，而把这句话分开讲成"八等于三，又等于五"，就是分举误推。

成心作难复杂问语

复杂问语法是引诱人上当的一种诡辩术。是在问句内暗地里埋伏下一个假定，无论你回答"是"或"否"，都在无形之中先承认了这样一个也许与你根本无关的假定的方法。这类诡辩术手段应用很广，常见的有偷换概念含义的复杂问语法和隐含命题的复杂问语法。

偷换概念含义的复杂问语法，是利用概念的多义性进行诡辩的。如：

甲：你是人，还是东西？

乙：我是人。

甲：那就是说，你不是东西？我早就看出你不是个东西。

第一句的"东西"是物品，第三句的"不是东西"则是恶毒的人身攻击。如乙回答"我是东西"，那也可以说："你不是人，我早就看出你不是人。""不是东西"与"不是人"词不同，含义一样，乙无论怎样回答都是挨骂。

隐含复杂命题的复杂问语法，则无论答者如何回答，都意味着承认其中隐含的命题。如有人对你提出一个问题："你现在还爱拿人钱包吗？"一般来说，你可能有两种答案：一是"不爱拿了"，二是"还爱拿"。两种答法，都于无形中先承认了一个也许与你根本无关的前提：你是爱偷人家钱包的。这句复杂问语是违反逻辑的，所以对这种问题，不能轻易简单地回答，而是具备敏锐的洞察力，予以反击。

我们了解了复杂问语法，不仅能正确识别这类诡辩，正确反击它，而且在某些场合下，还可使之为我所用。据说美国总统华盛顿年轻时运用此法要回了被邻人偷去的马。

有一次，邻人偷了华盛顿家的一匹马。华盛顿同一位警官到邻人的农场去索要，但邻人拒不归还，还声称是自己的马。华盛顿用双手蒙住马的双眼，对邻人说："如果这马是你的，那么，请你告诉我们，马的哪只眼睛是瞎的？"

"右眼。"

华盛顿放开蒙右眼的手，马的右眼是好的。"我说错了。马的左眼才是瞎的。"邻人急着辩解道。

华盛顿拿开蒙左眼的手，马的左眼也不瞎。"我又说错了……"邻人还想狡辩。

"是的，你错了。"警官说话了，"证明马不是你的，必须把马还给华盛顿先生。"

华盛顿略施小计，把隐含的命题"此马一只眼是瞎的"加到复杂问话中，使偷马者上当露出破绽。当然这种方法属于诱供，在法庭上是不能使用的。

第二章

舌头多拐几道弯，把丑话说成好话

经常听人说："我把丑话说在前头。"

可人是有血有肉有感情的高级动物，谁真的爱听丑话呢？不善言谈者一旦面临危难之时，就把那句话挂在嘴边，让听者觉得难受，也让讲者不知从何开口。但能把话说得滴水不漏的人却并不一定把丑话说在前头，因为舌头是软的，舌头是圆的，他们往往能把丑话说成好话，能让尴尬场面变成活跃气氛，能把场面话说得玲珑多变，也能让听众听了舒服还一辈子不忘，这就需要说话时，让舌头多拐几道弯。

场面话，既要懂得说，更要习惯说

"场面话"是人际交往中说话必备的应酬之一，而说"场面话"也是一种生存智慧，在社交中一些高手都懂得说，也习惯说。这不是罪恶，也不是欺骗，而是一种"必要"。

在人际交往中，无论是谁，都会说或听到"场面话"，好的"场面话"能给人以好的印象，能在交往中起到沟通的作用。

什么是"场面话"？其实，就是在一些场合不得不说的客套话。

某甲在一国营单位工作，十几年没有升迁，于是通过朋友牵线，拜访一位负责调动的单位主管，希望能调到别的单位，因为他知道那个单位有一个空缺，而且他也符合条件。

那位主管表现得非常热烈，并且当面应允，拍胸脯说："没问题！"

某甲高高兴兴地回去等消息，谁知半个月、一个月、两个月过去，一点消息也没有，打电话去，那位主管不是不在，就是"正在开会"，问朋友，朋友告诉他，那个位置已经有人捷足先登了。他很气愤地问朋友："那他又为什么对我拍胸脯说没有问题？"朋友也不知如何回答才好。

这件事的真相是：那位主管说了"场面话"，而某甲相信了他的"场面话"。

一般来说，"场面话"有以下几种：

——当面称赞人的话：诸如称赞你的小孩儿可爱聪明，称赞你的衣服大方漂亮，称赞你教子有方……这种场面话所说的有的是实情，有的则与事实有相当的差距，说起来虽然"恶心"，但只要不太离谱，听的人十之八九都感到高兴，而且旁人越多他越高兴。

——当面答应人的话：诸如"我全力帮忙""有什么问题尽管来找我"等。说这种话有时是不说不行，因为对方运用人情压力，当面拒绝，场面会很难堪，而且会马上得罪人；缠着不肯走，那更是麻烦，所以用"场面话"先打发，能帮忙就帮忙，帮不上忙或不愿意帮忙再找理由，总之，有"缓兵计"的作用。

所以，"场面话"想不说都不行，因为不说，会对你的人际关系有所影响。

不过，千万别相信"场面话"。

对于称赞或恭维的"场面话"，你要保持你的冷静和客观，千万别两句话就乐昏了头，因为那会影响你的自我评价。冷静下来，反而可看出对方的用心。

对于拍胸脯答应的"场面话"，你只能保留态度，以免希望越大，失望也越大；只能"姑且信之"，因为人情的变化无法预测，你测不出他的真心，只好做最坏的打算。要知道对方说的是不是"场面话"也不难，事后求证几次，如果对方言辞躲闪，虚与委蛇，或避不见面，避谈主题，那么对方说的就真的是"场面话"

了。所以对这种"场面话"，一定要有清醒的头脑，否则可能会坏了大事。

"场面话"是一种交际需要，既要能说，还要善说，既要认真听，但也不要信。信的人是没见过场面的人，不听的人是不识场面的人。

话不能说死，言中有意话中有话

在与人说话时，难免会遇到别人的刁难，面对他人咄咄逼人之势，我们是怒发冲冠把话说绝说死呢？还是点到为止？这就要懂得说话滴水不漏，给对方留有一点余地，又让对方知难而退。

法国著名的革命家、空想共产主义者巴贝夫 1797 年在凡多姆高等法院法庭上受审时辩护说："当我第一次受审时，我曾隆重地提出保证，我要伟大地、庄严地来维护我们的事业，这样，我才对得起法国的真诚朋友，我才对得起自己。我一定会遵守我的诺言……

"自由的精神，我是多么感激你！因为你使我处于比所有其他的人更为自由的地位。我所以是更为自由，正是因为我身上背着铁链。我所要完成的任务是多么美好！我所维护的事业是多么崇高！它只许我说出真理——这也正是我要的。即使我的内心感觉没有对我指点出真理，这项事业也会迫使我说纯粹的真理。正是因为我身上背着铁链，我在无数被压迫者和受难者之前有发表自由意见的优先权……

"我们虽然关在人笼里，并受残酷的折磨，但只要我们还能得到那崇高的事业的支持，我们便有责任公开宣布我们所热爱的真理……"

巴贝夫就这样在法庭上宣扬革命理想，这种充满战斗激情的语言，人人都懂得所讲内容，虽然没有明说，却不失雄辩的力量。

　　说话本应准确、清楚。但在语言的实际运用中，许多话是具有模糊性的。因为现实生活中有些话不必要、也不便于说得太实太死。

　　王元泽是宋朝著名政治家、文学家王安石的儿子。在他刚几岁时，有一个客人把一头獐和一头鹿放在同一个笼子里，问王元泽哪一头是獐，哪一头是鹿。王元泽回答说："獐旁边的那头是鹿，鹿旁边的那头是獐。"王元泽的回答固然没有错，但却是含糊其词的，因为他没有确切地指明哪头是獐，哪头是鹿。然而妙就妙在这"含糊其词"上，王元泽如果老老实实地回答"不知道"，那就显示不出他的聪颖和机智，也不可能引起客人对他才华的赞赏了。

　　一个财主晚年得子，不胜高兴。生日那天，大家都来祝贺。财主问客人甲说："这孩子将来怎么样？"客人甲说："这孩子将来能当大官！"财主大喜，给了赏钱。财主问第二个客人乙，客人乙说："这个孩子将来要发大财！"财主又赏了钱。财主又问第三个客人丙，客人丙说："这个孩子将来要死的。"财主气极了，把他打了一顿。说假话的得钱，说真话的挨打。既不愿说假话，又不愿挨打，怎么办？只好说："啊呀，哈哈，啊哈，这孩子吗？哈哈……"

　　言而不尽意是人生的一大憾事，但有时候却又不能尽意，"犹抱琵琶半遮面"是最理想的一种效果，它既不得罪人，也不会让人穷追猛打。

话语委婉，使人如沐春风

做人正直很有必要，但说话一味直来直去就不太可取了，因为不适当的直言如同刺刀刺进人的心里，不仅得不到别人的赞同，反而会伤害人的心灵。

医生给人看病，遇到病情较严重而又诊治不及时的病人，就直言道："你怎么这么瘦哇！脸色也很难看！""你知道你的病已经到了什么地步了吗？""哎呀！你是怎么搞的？你这个病为什么不早点来看哪！"这些说法里所包含的消极作用会使病人怎么想呢？作为医生这是治病还是致病呢？

相反，如果换一种方式说："幸好你及时来看病，只要你按时吃药，多注意休息，放下思想包袱，相信你很快就会好起来的。"这将给病人很大的鼓舞。

又如，当妻子买了一件衣服征求丈夫的意见，丈夫觉得妻子穿这件衣服不太合适，如果丈夫不尊重体贴妻子的心情，就会直露地批评说："你看你的审美观真成问题，一把年纪了还穿这么鲜艳的衣服，岂不成老妖婆啦？"这样生硬、贬损的话必定会伤害妻子的自尊心。反之，丈夫会把否定的意见说得委婉得体，给予暗示："不错，颜色真鲜艳，给女儿穿，那是很漂亮的。"

当你去拜访朋友，主人热情地拿出水果、零食招待你，而你却直言说："不吃，不吃，我从来就不喜欢吃零食，再说我刚吃完饭，肚子饱得很，哪还有胃口吃这些东西。"这样不仅让人扫兴，而且还伤了主人的自尊心。你应该体谅到主人的一片热情和好意，委婉地说："谢谢，谢谢！多新鲜的水果，多香的糖，只可惜刚吃完饭，没有胃口吃了，太遗憾了！"

总之，委婉说话不仅是一种策略，也是一门做人的艺术。说话委婉含蓄是做人的一个必要条件。作为一个现代人，应当有这种文明意识，掌握这一有利于人际交流的语言表达方式。

说话直来直去，不仅会伤人自尊，也会反伤自己，所以委婉表达，不仅可以让人接受，还可以深得人心。毕竟春风袭人的语言，他人也愿意听。

求人办事，绕开困难再开口

请求别人，一定要选择好时机。当别人忙时或正在发怒时若不知趣开口求人，那别人不是敷衍你就是对你翻白眼。而善于说话者，就能在别人高兴时顺势求人，这种乘虚而入请求别人当然成功率要高得多。

有事求人帮忙时，一般可先适度地称颂对方某一显著的优点。比如，称颂他乐于助人，称颂他有路子、办法多，等等。真诚地称颂，多说些人情话，可以博得对方的好感，使他愿意帮助你。

同时，你还要替对方着想一下，你提出的请求将会给对方造成哪些压力，可能存在哪些困难。这些难处，你说出来比由他本人说出来要好得多。"我知道这件事会给您添许多麻烦，但我没有别的门路，只能拜托您了。"这样说，较易使对方乐于为你做事。

请求别人帮忙，一定要讲究礼貌。比如："劳驾，请把杯子递给我。""您能帮我把这个放上去吗？"为表示尊重，还可以在提出要求时，用商量的语气："哪天有空我们再见见面？""请您明天到我办公室来一趟，好吗？"

如果用生硬的口吻提要求，那一定会使对方不悦。

前些年，某厂某车间接到国库券认购任务，几百名工人都认购了不同的数额，最后只剩下几个"老顽固"。这几个拥有30年左右工龄的老工人，任凭车间主任磨破了嘴皮，他们依然不肯认购："不是说要自愿吗？我不自愿！"

前后已经开了三次动员会，依然毫无结果。下班时，车间主任把这几位老工人送到车间门口，轻声说："我只讲最后一句：我现在很为难，请大家帮个忙。"

奇怪，刚才态度还强硬的老工人听了这句语重心长的话，竟纷纷表示："主任，我们不会让你为难。"说完，大家立即转身回去签名认购。

很快，国库券的认购任务就完成了。

一句充满人情味的求助的话，居然比通盘大道理更具有说服力。作为老工人，虽然文化水平不高，但重情义。现在，领导不是讲大道理，而是请他们帮忙。他们想：领导看得上咱，岂能不给面子？就这样，气一下顺了。

那位车间主任，在正面强攻不下的情况下，改用避实就虚、迂回包抄的战术，先了解对方的心理需求，然后由虚而实，从而达到目的。可见，诚恳的请求，实为见效的说服方法。

人生得意须尽欢。在别人得意时，你的话语让别人锦上添花，你求人也会不求自应。不同的病人需要不同的药方。对于"吃软不吃硬"的人，要勇于低下头，毕恭毕敬，而不是趾高气扬，居高临下。

说就说些他人得意之事

社会分工越来越细，人们之间更加需要合作。在社会活动中，许多人都会遇到"求于人"的情况。怎样才能使你的需求得到满足，不至于被对方拒绝呢？这就需要你能够巧妙地运用赞美，将对方引入你设定的情景，在求与被求的双方心理上架设沟通的桥梁，然后提出你的要求，这样，就会使你的要求成功地得到满足。

如果你能很有兴致地与一个人谈论他的专长，或他所取得的成绩，或他所开展某项业务的辉煌时，你适时地提出与之相关的需求，在这样的时刻，他拒绝你的可能性最小，你的要求得到的成功率最大，这是经过心理学家及社会学家的实验所证明的。所以，当你有求于人时，就需要措辞得当，营造一个合适的氛围，使你的需求最大可能和最大限度地得到满足。

有位朋友金某，他认识许多学术界的泰斗，并能常常得到他们的指点。问及他们之间的相识，也是缘于赞美运用的得法。因为有很多人也曾拜访过这些大师，但往往谈不上几句便无话可说，很快被"赶"了出来，而他竟成为大师们的座上客，其中的奥秘自不待言。

作为准备在学术领域有所建树的金某，自然也很仰慕这些大师，他得知拜访这些人不易，每当第一次拜访某专家时，他先将这个人的专著或特长仔细研究一番，并写下自己的心得。见面之后，先赞扬其专著和学术成果，并提出自己的想法。由于他谈的正是大师毕生致力于其中的领域，自然也就能激起大师的兴趣，谈话双方有了共同话题。谈话中，金某又不失时机地提出自己不理解的地方，请求大师指点，在兴奋之际，大师自然不吝赐教，于是金某既达到了结交的目的，又增长了许多见识，并解决了心中存在的疑惑，可谓一举多得。

这里金某就在有求于人时，巧妙地运用了赞语。自己所称赞的，正是对方引以为豪并最感兴趣的，自然使对方高兴，使其心理得到满足，此时，金某的问题也就不成为问题了。当然，这只是生活中的一个方面，如果运用恰当，在生活的方方面面，都能行得通。

初次见面，许多人除了几句客套话之外，便没有了下文，此时宜聊些对方的经历与辉煌，引起对方的兴趣，求人办事，就得乘虚而入。

套近乎，学会跟陌生人说话

请求别人办事时，只有关系亲近事情才好办，关系亲近的最佳途径就是套近乎。对陌生人也好，对熟人也好，只有用各种方式同别人接近，形成融洽的关系，才能达到自己的目的。

和陌生人搭讪，套近乎，总是以这样的方式开始："您是哪里人？""哪个学校毕业的？""听口音，你家是南方人……"初次见面，这些都算是挺好的话题，以此作为开始，继续交谈下去就会容易许多。其实，这绝不是简单的寒暄，而是试探对方下一步态度的前哨战。因为出生地或者毕业于哪所大学，往往是形成一个人的判断标准的关键因素。

有这么一件事，说的是三个人一起出国旅行，其中一个服务于水产公司，另一位则是家具制造厂的职员，当三人进入餐厅吃饭、在长桌边坐下时，那位家具制造厂的朋友首先开口说道："呀，这张椅子是法国制的，果然不错。"接着，当菜端上来时，水产公司的职员瞥了一眼，就立刻赞叹道："用的鱼是上等的，真想去问问厨师是哪里买的。"因职业的不同，对所看到的东西判断的标准也迥然而异，从这个例子可以略见一斑了。

只要能抓住这种标准，以后要引出的话题就简单了。为了这个目的，所以要用询问出生地或毕业学校的方式交谈，这被认为是顺利与别人交谈的第一步。推销员之所以开始时从毫无生意关系的话题谈起，无非就是想获知顾客的判断标准。

比如说，当你想求办事的人走过来与你开始谈话时，你不妨先聆听对方说一两分钟，然后问他："听口音，你是××地方人吧？"说中了，最好，即使不对也没关系，因为对方肯定会纠正道："不，我是××地方人。"

一旦获知对方的有关信息，事情就好办了，你可以充分调动有关知识，和他就这一话题攀谈下去："我两年前也曾去过，你是哪个县的？"诸如此类与自己办事毫无关系的话题，只要你有空儿，即便要谈上一阵也未尝不可。现实生活中，这种献殷勤、套近乎的方法常常用于求别人办事之中，一旦关系密切后，别人就是想拒绝你的请求也"却之不恭"了。

表面看起来，陌生人很生疏，与他套近乎难似上青天，其实不然，因为对方不了解你，同时也不好随便拒绝你。只要话语客气，礼貌表达，多在话里头抛几个"绣球"给他，自然关系就近了。

伤人面子胜似挖人心

交往中的话语贵在让人觉得高兴，如果人家觉得难以忍受，不仅事没办成，而且人与人的关系会更糟。因此，了解内心，让他内心清爽愉悦是说话的关键。

俗话说："人要脸，树要皮。"所谓"脸"，就是人的自尊。人如果没有了自尊，那便无药可救了。没有自尊的人有两种情况：一种是自己失去的，一种是叫人给毁伤的。对前一种人，领导者所做的努力或许很少，但后一种情况，当领导的却要千万注意。不少人的自尊心恰恰是被领导者毁伤的。

有些人由于工作上能力较差，时常做不好事情，反而给人添麻烦，于是每个单位都想将他调走，但似乎又没有地方肯接纳他。有的领导便会对人说："他要是能调走，我磕头都愿意！"这种话便是伤人自尊心的。

事实上，即使是在工作场所中被视为无用的人，也有他自己的想法与自尊心。他或许看似低能，却在某一方面潜藏着特长；也许，他一无所长，但他却也因此比别人更勤奋卖力。偌大个单位，总该有适合他的工作可做，而不应对他抱嫌弃的态度。

有的人本身并不低能，但因为做错了事，也会引得某些人说出伤人自尊心的话来。比如："你是什么东西？你以为自己是老天爷？"或者说："你这种家伙，成事不足，败事有余！"这种话一出口，不是叫人心灰意冷，就是引起大吵大闹。

调查研究表明：凡是自尊心很强的人，不论在什么岗位上，都会尽自己的努力而不甘落后于人。明智的人不仅要保护他人的自尊心，还要想方设法加强他人的自尊心。比如，注意礼貌，让他们充分体会到自己作为一个人与他人在人格上是平等的；或使用适当的褒奖，让他们有荣誉感；等等。

自尊心受到毁伤的程度是不同的，有的属于局部的，就是说，被害者的自尊心并未完全失去，他还能感觉到自己受了伤害，这样他就必然记住伤害他的人，对之产生反感、厌憎乃至仇恨。

如果这个人是他的领导的话，他要么积极地谋划调离本单位，要么便采取"不合作主义"。只要是你说的话，你下的指示，他都不会尽心尽力、心甘情愿地去办。这样，怎么可能把工作搞好呢？

另一类是全部的，就是说，被害者已经全然失去了自尊。他甚至感觉不到什么叫自尊心受伤害了。他自暴自弃，自甘下流，什么乌七八糟的事都干。

伤人自尊心是说话的大忌，在你心情不好的时候，尤其要注意维护别人的自尊。只有让对方心里美滋滋的，人家才能真诚地与你交往。

插嘴懂方法，有缝就得钻

与别人说话，一般是当别人说完你再说，以少插嘴为妙，但少插嘴不意味着不插嘴，被人骂得狗血喷头还装聋作哑以求委曲求全，这不是好办法，毕竟沉默也是有限度的。这就要我们懂得插嘴的技巧：看准时机，见缝就钻，明快简洁，干脆利索。

现实生活的各种场合中都存在与人交往、让人代为办事的情况。在与人交谈时，常常要谈论各种问题，插嘴也是套近乎的一种表现形式。好的插话能取得事半功倍的效果，不适当的插话则会使事情更糟。别人说话我不能插嘴，但如果全让别人说，听者还不郁闷死，所以见话题就插，总比受人欺负做哑巴好。看下面几个范式：

范式一：两位女孩子正在一个角落里悄悄地说着什么，一位男士不自觉地凑上去问道："你们在说什么呢？"结果遭到两个女孩子的一句"讨厌！"那男士只好悻悻地走开了。

范式二：一位老师在课堂上正兴致勃勃地给他的学生谈着他对我国经济形势的发展的看法，滔滔不绝，忽然一个学生站起来说道："老师，你刚才说得不对。"那老师一怔，继而脸色一变："你给我坐下，有问题下课再谈！"

范式三：小王的老板正发泄着对他这几天表现的不满："最近这几天你怎么老迟到？""为什么上班的时候总是心不在焉

的？""真是的，太不像话了，你看，连头发都留这么长！"

小王忍不住了，插了一句："这是我的自由！"

"什么？你的自由？要自由就别到我这儿来！"

第二天小王就被解雇了。

生活中不乏上面的范式，那位男士，那位学生，还有小王之所以把事情弄僵了，是因为他们没有把握好插话的时机，结果遭到别人的抱怨或憎恨。

说话除了要注意场合和对象外，还要把握好时机，什么时候该说，什么时候不该说，什么时候可插，什么时候不可插，都不是随随便便的。

讲话要及时地"切入"话题，必须找到双方共同关心的内容。

小李家的电话老是出现杂音，他几次找当地电信局要求检修一下线路。

电信局局长立即把正在看杂志的小于找来，批评他的不是，并令其赶快随小李到他家去检修线路。

一路上，小于紧锁着眉头不吭一声，小李灵机一动，问道："你刚才看的是什么杂志？"

"《体育世界》。"

"哎呀，这杂志我家订了好几年了，包你看个满意。"

于是一路上两人你一言我一语谈得有滋有味，到小李家后，电话线很快检修完毕，后来两人还成了好朋友。

小李适时地找到了共同关心的话题，使本来紧张的气氛很快消除了。

　　洗衣机用久了，功能减退了，妻子想再买个新的，丈夫不同意。一天，丈夫对妻子说："我昨天换的衣服洗完了没有，我明天有重要会议，必须穿。"

　　妻子打开洗衣机，一看："还转着呢？第一道程序都没完。"

　　"这个破洗衣机！"丈夫道。

　　"还是再买个新的吧。"妻子乘机赶紧插话道。

　　"买一个吧。"丈夫欣然同意了。

　　一到商店，看中一台洗衣机，一问要几千元。

　　"太贵了，以后再买吧！"丈夫说。

　　"衣服那么多，又老换，急着穿怎么办？"妻子说。

　　这时服务小姐插一句："这台洗衣机虽贵点，但质量好，容积大，功率大，洗得又干净又快。"

　　"行，那就买一台吧。"丈夫终于同意了。

　　聪明的妻子，精明的服务员，能够敏捷地捕捉住插话的时机，达到了目的。

　　在插话提意见或表示反对时，一定要先看准对方的心境，对方如果正兴奋不已地陈述自己观点时，你不要去打断他，插入自己的不同意见；如果对方正针对你发泄心中的不平之气时，你要暂时忍耐一下，不要插话顶嘴。俗话说："出门看天色，说话看脸色。"脸色是心情好坏的晴雨表，人心境好时，万事皆乐；心境不佳时，举事皆忧。插话或提反对意见时务必考虑这一点，等对方平静下来，心平气和、心情舒畅的时候去说，才能收到良好的效果，达到自己的目的。

在别人讲话时插嘴，还要注意以下几点：

把握别人谈话主题，插话前先得听明白人家在说什么，说到哪儿了，你才能确定自己应该插什么，可以插什么，什么时候插合适。如果你插些跟他们交谈毫无关系的内容，那只会打乱别人谈话的思路，招人厌恶。

注意自己的身份，要把握好无论如何插话者只是配角，谈话者是主角，多说话的应是他们，如果没有得到他们同意，你不可说话太多，以免喧宾夺主。

注意礼貌。插话时毕竟会打扰别人的思路或破坏气氛，所以插话前必须获得对方同意。可以先礼貌地打声招呼："对不起，我插一句。""请允许我说一点。""我可以插一句吗？"以吸引对方注意或征得同意，不过，这样的插话不要太多。

首次见面要一炮打响

与人交往，第一次见面话说得好会给人留下深刻印象甚至终生不忘，如果说得不好会使人反感，这辈子都不想与之打交道，所以第一次的交谈最好要一炮打响。

拉布歇雷在圣彼得堡当英国使馆的官员时，有一次，一位傲慢的贵族来访，要求立即会见大使。

"请坐，大使就会来的。"拉布歇雷说。

来访者对这么简单、没有客套的接待大为生气，说："年轻人，你知道我是谁吗？"随即背出了一长串头衔。

"那么，请坐两张椅子。"拉布歇雷说。

显然，傲慢的贵族冗长的自我介绍令拉布歇雷感到厌烦。可见，他介绍自己没有把握好分寸。

我们在社会上与别人交往，都有一个由陌生到熟悉的过程。首先要做的就是要适时地介绍自己。

可以由第三者出面介绍，也可以自我介绍，不论采用何种介绍方式，都不宜采取太冷淡或太随便的态度。

特别是自我介绍的时候，更要注意自己的言谈举止，做到恰当得体。

那么，怎样的介绍才算恰当得体呢？

一般来说，介绍的语言既要简洁明了，又要能使对方从你的介绍中找到继续谈下去的话题；既要使对方通过你的介绍对你有所了解，又不使对方觉得你在自吹自擂。

比如："我是××公司业务部经理×××，请多指教。"

这种介绍方式既简洁，又适当地表明了自己的身份，容易使对方找到接下去交谈的话题。

与人初次见面谈话时，要注意分寸。许多人和初次见面的人说话都会感到拘谨。这主要是因为你对初次见面的人一无所知，特别是进入完全陌生的群体，有些人甚至会产生不自在和恐惧的心理。你要消除这种心理，就要设法把初次见面的人变成老朋友。首先要在心目中建立一种乐于与人交朋友的愿望，心里有这种要求，才能有适当的行动。

特别需要指出的是，有些人你可能不太喜欢——尽管只是刚刚见面，可是也应该学会与他们谈话。要知道，人都有以自我兴趣为中心的习惯，如果你对自己不感兴趣的人不瞥一眼，一句话都不说，恐怕也不是一件好事。你可能被人认作是骄傲，甚至有些人会把这种冷落当作侮辱，从而产生隔阂。和自己不喜欢的人谈话时，要把握以下两点：第一，要有礼貌；第二，不要接触有关双方私人的事。这是为了使双方自然地保持适当的距离，一旦你愿意和他结交，就要一步一步设法缩小这种距离，使双方融洽相处。

在你决定和某个陌生人谈话时，不妨先介绍自己，给对方一个接近的线索，你不一定先介绍自己的姓名，因为这样人家可能会感到唐突。不妨先说说自己的工作单位，也可以问问对方的工作单位。一般情况，你先说了自己的情况，人家也相应告诉你他的有关情况。

接着，你可以问一些有关他本人的而又不属于秘密的问题。如果对方是有一定年纪的人，你可以问他子女在哪里读书，也可以问问对方单位一般的业务情况。对方谈了之后，你也应该顺便谈谈自己的相应情况，才能达到交流的目的。

初次见面的人谈话，要比对老相识更加留心对方的谈话，因为你对他所知有限，更应当重视已经得到的任何线索。此外，他的声调、眼神和回答问题的方式，都可以揣摩一下，以决定下一步是否能向纵深发展。

如果遇到那种比你更羞怯的人，你更应该跟他先谈些无关紧要的话，让他心情放松，以激起他谈话的兴趣。和人谈话的开场白结束之后，特别要注意话题的选择。要尽量避免那些容易引起争论的问题。为此，当你选择某种话题时，要特别留心对方的眼神和小动作，一旦发现对方有厌倦、冷淡的情绪时，应立即转换话题。

刚刚相识的人毕竟还有某些生疏感，交谈难以深入，这就很容易冷场、沉默，出现令人难堪的局面。

怎样巧找话题，打破沉默呢？那就要从具体情况出发去考虑，如果彼此完全陌生尚未相识，那就要察言观色，以话试探，寻求共同点，抓住了共同点就是抓住了可谈话题。如果是因为话不投机，出现难题，那就要高姿态，求同存异，或是检讨自己的不妥之处，表示歉意。如果对方有什么顾虑，或是沉默的原因不明，那就没话找话说，随便找个话题，引起对方的兴趣，说个笑话，谈点趣闻都可以活跃气氛。

　　在初次交往中，各自都有一定的意图，那就可以依据你的意图，提问求答，你想了解什么就可以问什么。但在这样做的时候要注意两点：一是不要形成一连串的盘问；二是不要探听对方的隐私。最好的做法是你想了解对方的什么情况，你就先谈自己的什么情况，扩大自己的开放区域，来促使对方扩大开放区域，这样就容易找到许多可谈的话题。如果你想了解对方的业余生活，可以问对方：平时有什么兴趣爱好？业余时间喜欢做点什么？但是很可能对方只说了"喜欢旅游，听听音乐"这么一句话，就不再说了。那你就谈谈自己的业余爱好，谈得具体、详细一些，这样就会引发对方谈话的兴趣，使交谈趣味相投。

　　双方刚一接触，纯属个人生活的事情不宜多谈，但可以对时下的人所共知的社会现象、热点问题谈谈看法。如果对方对这一问题还不太清楚，你可以稍做介绍。例如近期影响较大的社会新闻、电影、电视剧和报刊文章，等等，都可以作为谈话的题目和接近的媒介。

　　有些人对谈话的题材存在误解，以为只有那些不平凡的事件才值得谈。因此，和别人见了面想开口时，就会在脑子里苦苦思索，企图找一些怪诞的奇闻、惊心的事件或刺激新闻当话题。可是，这种话题毕竟不多。况且，有些轰动社会的新闻，不等你讲，人家也许早就知道得很清楚了。再者，由于对象不同，某一部分人爱听的，另一部分人未必感兴趣。这样做必然把话题囿于狭小的圈子里。其实，人们除了爱听一些奇闻逸事外，更多的人是爱听与日常生活有关的普通话题。例如，孩子要入学，选择哪所学校比较好；

花卉被虫子咬了，该买什么药；这周上映的电视剧，哪一部最值得看；等等。话家常并非一般的寒暄，而是为了创造一种适宜的气氛，寻找契机，毫无保留地向对方敞开心扉，彼此产生心理共鸣，以达到心灵的沟通。

无论是交友还是办事，第一印象是至关重要的，良好的第一印象能助你加深对他人的了解，赢得更多交往的机会。

让好情绪引领舌头

即使是相同的一件事，由喜爱的人提出或是由讨厌的人提出，接受的方式自然应该完全不同。如果是喜爱的人就欣然接受，反之，接受的程度就会大打折扣。

一般来说，碰到你喜欢的人向你提到："有件事想请你帮忙，但是……"你可能会急着说："我替你办！是什么事情？"先表态，然后再了解事情的内容。但如果这个人你很讨厌，你的回答肯定就不一样了，你可能会答道："究竟有什么事？我马上还要去办点事哩。"一开始就摆出拒绝的态度。

谈话有效果是人际关系的基础，换句话说，谈话的效果代表各种各样的人际关系。因为人与人之间的远近亲疏就是从"效果"中透现出来的。比如：有人多次在你面前提到胡先生总在背后说你坏话，但由于你对胡先生的印象很不错，你在心里喜欢他，就会回答说："不会的，他那个人我了解，不会在背后说人的坏话。"或者至多问一句："真的是那样吗？"如果胡先生是一个你很讨厌的人，你的反应就不一样了。你肯定会答道："哼，果然如此！"或者说："我猜他一定会的，他就是这么讨厌的人。"

其实，不管多么冷静的人，要完全战胜情绪来接受别人的话，都是一件困难的事情。

　　你提出的事情如果能被欣然接受，实在是求之不得；但至少不要遭到扭曲，或者一开始就被拒绝，弄成令人尴尬的局面。这就要求平常要预先建立具有相互好感的人际关系，当然，万一达不到，或是在讲话中有一点小误会，除非你想惹人讨厌，否则最好是别开口。

　　人脑不是电脑，它会受情绪的影响，而不是设定好的程序，因此说出的话可能很情绪化，但要力争大脑主导情绪，不能出口伤人。

第三章

委婉含蓄，玩好"太极推拿手"

　　会说话的人，知道有些话是不能说的，委婉含蓄无疑是他们的一大"招数"。他们用委婉含蓄的话语，既坚持了自己的原则，又不会令听者太过难堪，其积极效果不言自明。

　　会说话的人，很明白当做不到别人希望自己去做的事情时，应该如何去说"不"，同时还要让对方理解。没有人喜欢被拒绝，因此，他们会先倾听对方的请求，然后再用比较真诚的话婉拒对方，并尽可能为对方提供解决问题的参考意见。

　　会说话的人，会在工作或生活中，游刃有余地展示幽默语言的魅力，令人由衷折服，或者忍俊不禁。

激之以道义，抓住突破口达到目的

想要说服他人，却又抓不着突破口，是许多人说话难以进展的原因之一，但很多善于说话者，勇于从道义入口，深入对方心腑之事，激之以道义，让听话者不服也不行。

义，是一种促进力、凝聚力，它能让每一个具有基本道德的人主动担负起某些责任与义务。这也就是为什么当有些人面临困境，通过报刊、电台等媒体发出呼救时，会有许许多多素不相识的人伸出援助之手，献出一份爱心。因为这是从道义上激励了每一个普通人，从而借得了一分支持与帮助。

但也不是说所有以义相"求"，其"求"的内容都是深远、重大的。在平常的生活琐事之中，仍然可凭借道义去激对方，为己办事，并能取得好的效果。

公元 208 年，刘备被曹操打得落花流水，逃至樊口，势孤力单，继续与曹军对抗完全没有前途可言，除与盘踞江东的孙权联手以外已别无他途。

这么重大的使命若交付一位平庸的使者，一定照实陈情：敌方势力强大，我方危在旦夕，请主公出兵相援不胜感激云云。刘备身边能胜此任的唯有诸葛孔明，他早就胸有成竹，自荐过江，寻求孙吴出兵抗曹。他后来终于说动孙权，成功地完成了联吴拒曹的使命，以至于形成后来三国鼎立之势。你看，求人求得妙，是否还可以创造历史？

诸葛亮是怎样打动孙权的呢？诸葛亮见到孙权先说了这样一番话："如今天下大乱，将军在江东举兵，我主在江南集结，目的都在与曹操争夺天下。眼下曹军势如破竹，威震天下，空有英雄气概对他是无可奈何的。加上我主之军渐渐败退，将军您宜早做应对，好生斟酌才是。如果贵国的军力能够与曹操对抗，就即刻与他断交；如果无力与其对抗，那干脆就迅速解除武装、俯首投降算了。可依我看来，将军似乎在表面上要服从曹操，其实内心里很是犹豫不决。目前形势已很急迫，没有多少时间让您犹豫了，希望马上定下主意，否则后果不堪设想。"

孙权愣了一下，反问道："照你说的形势如此严峻，刘豫州怎么不赶快投靠曹操呢？"

孔明回答说："君差矣。齐国壮士田横您该知道，他在道义上不能投靠汉高祖，宁可自己结束自己的生命。而我主是汉室后裔，具有英雄资质，目前虽然困顿，仍有八方壮士慕其英名，源源而来投奔。起兵抗曹，天之所命，至于事成与不成，只有靠天命决定。岂可向曹贼投降呢？"

孙权听后大叫一声："我拥有十万大军，承父兄之业，更岂可轻易言降？"

此时的孙权是一个 26 岁的青年将军，血气方刚，自尊心强得很。孔明就是利用孙权的这个特点，或者叫作弱点，用言语刺激孙权的自尊心，使他的意志向自己所期待的方向转化。

　　孙权虽然大叫不降，其实内心也很不踏实，又向孔明问道："现在这种情况，除了刘豫州之外再找不到能与曹操作战的军队，可刘豫州最近连吃败仗，不知是否有军力与其再战？"

　　这些是孙权所真正担心的事情，他也明知道光凭东吴自己的力量敌不过曹军。

　　孔明早有准备，冷静地分析形势给孙权听，以打消他的不安。孔明说："我主确实吃了败仗，但现在军力不少于一万。而曹操之军虽众，但长途远征疲惫不堪。这一次为了追击我们，曹军的轻骑兵一昼夜竟跑了三百里，这好像古人说的，再有力的弓箭若射的距离过远，就连一块薄的布也无法穿过。再者，曹操北兵不惯水战，我方占有地利；荆州之民虽然表面上服从曹操，内心却是时时准备反抗。如果将军集精兵猛将与我主之军配合，联手作战，一定会击败曹军。天时地利俱在，剩下的只看将军您的决断了。"

　　孔明这一番分析，指出强敌之短处，强调蜀、吴潜在之长处，最后把事情成败的关键又推给了孙权自己，可谓步步高棋，招招妙算，使原本主意不定的孙权下定决心，联军抗曹，以致后来发生了三国时代最大的决战——"赤壁之战"。

　　"请将不如激将"，动之以情，晓之以理，木头人也会流泪的。诸葛亮采用"激将法"，既达到了求人的目的，自己又没损失什么，实在妙不可言。

侧面突袭，要击中对方"要害"

很多时候，我们要达到说话的目的，直说不行，还需要旁敲侧击，抓住对方的一些"要害"，要隔层纸，不一语点破，但要一语破的，点到为止，对方的心理防线无形之中就被攻破。

裴旻是唐朝开元年间东都洛阳的一位将军，剑法超群，无几人能出其右。

裴旻不仅剑舞得好，而且酷爱书画。一次，他家有亲人亡故。为表达对死者不尽的哀思，他想请人在天宫寺绘制一幅壁画，一来为亲人超度亡灵，二来也暗合了自己的嗜好。于是遍访各地，但一直未找到合适的画师。

事有凑巧。一日，他来到天宫寺，巧遇画家吴道子和书法家张旭，裴旻高兴得手舞足蹈。

他热情迎上前去，主动报上姓名，盛情邀请两位艺术家到一家酒店"便宴"。二位也不推辞，口呼"幸会"，脚已毫不犹豫地迈向酒店。

席间，裴旻虚心请教画坛之事。吴道子像是遇到知己般大谈画坛境况。裴旻直点头，大叫深刻、精辟，很受启发。

酒过三巡，裴旻道出自己的心事，并分别给二位送上玉帛十匹、纹银百两，作为作画、题字的酬礼。

哪知这两位艺术家笑意全消，立刻冷若冰霜，拂袖而去。

裴旻见状，心想大约是两位艺术家嫌这报酬太低，有辱"大师"名声。我只给他们如此微薄的报酬，太少、太不像话。

他痛心疾首，带着痛改前非的诚恳表情拦住二位，赶忙赔礼道歉："二位先生莫嫌钱少，我这是分期付款。等画作好之后，我再补齐。"

吴道子听罢，怒从心起："裴将军不是太小看人了吗？"说罢，气咻咻转头就要走。

裴旻觉得十分难堪。他想，论社会地位，我不比你们低，我是将军；论本事，也是各有所长，说不上谁高谁低。你画画得好，字写得棒，我的剑术亦堪称一流。今天我屈尊求画，反在这公共场合受到冷落，好生尴尬。裴旻不由怒气上升，一时难以压下。

裴旻有个"毛病"，一怒就要舞剑。这大约是战场上培养出来的条件反射。只见他脱掉孝服，拔剑起舞，身子左旋右转，宝剑上下翻飞。吴、张二位看得津津有味，频频点头。在场围观的游人，个个惊得目瞪口呆，都忘了叫好。

裴旻一边挥剑狂舞，一边口中念念有词："什么大师！什么书圣！画圣！我看是欺世盗名，徒有其表！光会舞文弄墨，描些香草美人，于世道无补，甚至不能助我尽一份人子的孝心……还不如咱手中这把剑，可以斩妖驱邪，换来人间太平。有能耐来呀，是骡子是马牵出来遛遛！"

吴道子、张旭听着，面面相觑，不禁汗颜，看罢舞剑，上前与裴旻长时间地热情握手、拥抱。"刚才不是我们故意使你难堪，实在是我们太厌恶铜臭味。我们绝不为了钱而出卖艺术。"

　　说罢，吴道子灵感大发，挥动如椽大笔，在画壁上舞墨作画，一气绘成一幅巨型壁画。这就是吴道子平生最得意的《除灾灭患图》。

　　交谈中，难免要试图使他人接受自己的建议或意见，如果此时说话不当，有时别人并不应允，如果运用直截了当的请人办法，他们也会一再地拒绝，在这种情况下，巧用侧面突袭法则会起到平时难以起到的作用。

　　下面是美国富豪约翰逊的经验："1960年，我决定在芝加哥为我们公司总部兴建一座办公大楼，为此我出入无数家银行，但始终没贷到一笔款。于是，我决定先上马后加鞭，设法将自己的200万美元凑集起来，聘请一位承包商，要他放手进行建造，好让我去想方设法筹集所需要的其余500万美元。假如钱用完了而我仍然拿不到抵押贷款，他就得停工待料。

　　"建造开始并持续施工，到所剩的钱仅够再花一个星期的时候，我恰好和大都会人寿保险公司的一个主管在纽约市一起吃晚饭。我拿出经常带在身边的一张蓝图，正准备将它摊在餐桌上时，他就对我说：'在这儿我们不便谈，明天到我的办公室来。'

　　"第二天，当他断定大都会公司很有希望给我抵押借款时，我说：'好极了，唯一的问题是今天我就需要得到贷款的承诺。'

　　"'你一定在开玩笑，我们从来没有在一天之内给过这样贷款的承诺。'他回答。

　　"我把椅子拉近他，并说：'你是这个部门的主管。也许你应该

试试看你有无足够的权利，能把这件事在一天之内办妥。'

"他微笑说：'你这是逼我上梁山，不过，还是让我试试看。'

"他试过以后，本来办不到的事终于办到了，而我也在我的钱花光之前几小时回到芝加哥。"

侧面突袭，务必找到并击中对方的要害，迫使他就范。就这件事来说，要害是那位主管对他自己权力的尊严感。

约翰逊在谈话中暗示，他怀疑那位主管是否拥有那么大的权力。主管听了这话，感到自己的权力威严受到了挑战。那好，就证明给你看！

人的自尊、名声、荣誉、能力……都可以作为"正话反说"的武器。而且这种武器，只要运用得当，定能无往而不胜。

正话反说，声东击西

"三十六计"中有"声东击西"一计，正话反说正是追求这种效果，指哪并不打哪，而是在别人毫不知觉时，靠突袭得手。

战国时期，楚国有一位能言善辩的天才大师叫优孟，他善于在谈笑之间劝说国君。楚庄王有匹爱马，楚庄王看重此马远远超过人。比如他给马披上锦绣的衣服，养在华丽的屋里，马站的地方设有床垫，并用枣脯来喂它。马因吃得太好太多，患肥胖病死了。庄王竟然下令全体大臣给马戴孝，不仅准备给马做棺材，还要用大夫的礼仪安葬。

群臣一致反对，认为这样做不对，文武百官纷纷上书劝楚庄王别这样做。对此，楚庄王十分反感，他立即下令说："有谁再敢对葬马这件事进谏，格杀勿论！"

由于楚庄王的淫威，群臣都不敢说话了，只有优孟一听到楚庄王的命令，立即来到殿门，刚步入门阶就仰天大哭。楚庄王见他哭得这么伤心，觉得很惊奇，问他为什么大哭。

优孟说："这匹死去的马，是大王最疼爱的，楚国是堂堂大国，用大夫的礼仪来安葬，礼太薄了，一定要用国君的礼仪来安葬它。"

楚庄王听到优孟不像群臣那样拼死劝谏，而是支持他的主张，不觉喜上心头，很高兴地问："照你看来，应该怎样办才好呢？"

"依我看来"，优孟清了清嗓子，慢慢说，"以雕工做棺材，用耐朽的樟木做外椁，以上等木材围护棺椁，派士兵挖掘墓穴，命男女老少都参加挑土修墓，齐王、赵王陪祭在前面，韩王、魏王护卫在后面，用牛、羊、猪来隆重祭祀，给马建庙，封它万户城邑，将税收作为每年祭马的费用，"说到这里，优孟才将话锋一转，指出了楚庄王隆重葬马之害，"这样，诸侯听到大王对死马的葬礼如此隆重，都知道大王认为人卑贱而马尊贵了。"

这么一点，确实点到楚庄王葬马的要害，一个统治者竟"贱人而贵马"，必然为世人所厌弃，问题如此严重，不能不使楚庄王大为震惊，说："寡人要葬马的错误竟到了这么严重的地步吗？怎么办才好呢？"

优孟说："请让我为大王用费六畜的办法来葬马：用土灶做外椁，用大锅做棺材，用姜枣做调味，用木兰除腥味，用禾秆做祭品，用火光做衣服，把它葬在人的肚肠里。"于是，楚庄王听从优孟的劝谏，派人把马交给掌管厨房之人去处理，不让此事传扬出去。

优孟采用的说服策略就是正话反说。正话反说是待人处世中有效说服别人的技巧之一，其特点就是字面意思与本意完全相反，让听者自觉去领悟，从而接受你的劝说。优孟因侍从楚庄王多年，熟知楚庄王的性情，知道对此时的楚庄王，忠言直谏、强行硬谏都不可见效。优孟从称赞、礼颂楚庄王"贵马"精神的后面烘托出另一种相反的又正是劝谏的真意——讽刺庄王的昏庸举动，从而把楚庄王逼入死胡同，不得不回头，改变自己的决定。在特定的情况下，采用正话反说的方法，会收到意想不到的奇效。

　　另外，在待人处世中，如果你的实力比对方强大得多，当然可以泰山压顶，一举歼灭。但是如果对手十分强大呢？以硬对硬，即使勉强能胜，也要给自己造成很大伤害。或者对方实力远强过你，又该如何呢？特别是平时的待人处世，整天面对的不是敌人，而是朋友、友军或者需要长期维持友好关系的同事，这时则不能采取强硬的手段。怎么办？俗话说，滴水可以穿石，柔竹能敌强风，在不能采用强硬手法的时候，不妨来个绵力相迎，以柔克刚，抓住对方要害，一软到底，玩好"太极推拿手"，让对方感到担心。

委婉含蓄，不能把话说得太实太直

尴尬事常有，不便直说时要用弹性语言，随机应变，适当委婉和模糊，而不能把话说得太实太直。

在日常交际中，总会有一些人们不便、不忍或者语境不允许直说的话题，需要把"词锋"隐遁，或把"棱角"磨圆一些，使语意软化，便于听者接受。说话人故意说些与本意相关或相似的事物，来烘托本来要直说的意思。

委婉法是办事说话时的一种"缓冲"方法。委婉语能使本来也许是困难的交往，变得顺利起来，让听者在比较舒坦的氛围中接受信息。因此，有人称"委婉"是办事语言中的"软化"艺术。例如巧用语气助词，把"你这样做不好！"改成"你这样做不好吧。"也可灵活使用否定词，把"我认为你不对！"改成"我不认为你是对的。"还可以用和缓的推托，把"我不同意！"改成"目前，恐怕很难办到。"这些，都能起到"软化"效果。

可以用委婉的词语表示不便直说或使人感到难堪的情形或事物。

有时，即使动机好，如果语言不加修饰，也容易招人反感。比如：售票员说："请哪位同志给这位'大肚皮'让个座位。"尽管有人让出了座位，但孕妇却没有坐，"大肚皮"这一称呼，使她难堪。如果这句话换成："为了祖国的下一代，请哪位热心人，给这位'有喜'的大姐让个座位。"当有人让出座位时，这位孕妇就会表示对售票员感谢，并愉快地坐下。

也可以借用一事物或他事物的特征来代替对事物实质问题的直接回答。

在纽约国际笔会第四十八届年会上，有人问中国代表陆文夫："陆先生，您对性文学怎么看？"陆文夫说："西方朋友接受一盒礼品时，往往当着别人的面就打开来看。而中国人恰恰相反，一般都要等客人离开以后才打开盒子。"

陆文夫用一个生动的借喻，对一个敏感棘手的难题，婉转地表明了自己的观点——中西不同的文化差异也体现在文学作品的民族性上。以上例子，实际上是对问者的一种委婉的拒绝，其效果使问话者不至于尴尬难堪，使交往继续进行。

另外，在公关语言中运用适当的含糊，这是一种必不可少的艺术。办事需要语词的模糊性，这听起来似乎是很奇怪的。但是，假如我们通过约定的方法完全消除了语词的模糊性，那就会使我们的语言变得十分贫乏，使它的交际和表达的作用受到限制。

例如，某经理在给员工作报告时说："我们企业内绝大多数的青年是好学、要求上进的。"这里的"绝大多数"是一个尽量接近被反映对象的模糊判断，是主观对客观的一种认识，而这种认识往往带来很大的模糊性。因此，用含糊语言"绝大多数"比用精确的数字形式的适应性强。即使在严肃的对外关系中，也需要含糊语言，如"由于众所周知的原因""不受欢迎的人"，等等。究竟是什么原因，为什么不受欢迎，其具体内容，不受欢迎的程度，均是模糊的。

平时，你要求别人到办公室找一个他所不认识的人，你只需要用模糊语言说明那个人矮个儿、瘦瘦的、高鼻梁、大耳朵，便不难找到了。倘若你具体地说出他的身高、腰围精确尺寸，反而很难找到这个人。因此，我们必须至少在办事说话时放弃这样一种观念："较准确"总是较好的。

言语对抗不代表人身攻击

争辩是日常说话中在所难免的事情，但争辩的语言很重要，一方面要反击有力有据，富有涵养；另一方面，争辩中也要保全对方的脸面，给别人一个台阶下。在对外交往中，由于各自的利益不同或者对立，在言语上发生对抗的事是经常发生的。但这种对抗又有特定的要求：一方面要义正词严，反击有力，能捍卫自身利益；另一方面，又要注意方式方法，以树立良好的形象。

在反击对方的无理言行时，自己的言语必须与对方的言语相关，同时能迅速接过对方言语中的词语、话头，而展开辩驳。

1955 年秋，西德总理阿登纳出访莫斯科，与赫鲁晓夫进行了会谈。两人性格都非常顽固、自负。双方的交谈充满了对抗，唇枪舌剑，针锋相对。赫鲁晓夫有一次在对一项德国建议做出反应时说："在我同意你这个意见之前，我要先到地狱里去拜访你！"

阿登纳立即反击："如果你在地狱里看到我，那只是因为你比我先到那里！"阿登纳抓住赫鲁晓夫话语中的"到地狱"一词进行了迅速的反击。

有时对方的话语很"冲"，而自己却不能暴跳如雷，破口大骂。那样，一方面由于失态而破坏自我形象，另一方面也会因情绪激动而减弱自己话语的反击力。高超的反击，应当是情绪平稳、彬彬有礼和富有涵养的。1957年，尼克松出访苏联。在此之前，美国国会通过了一项关于被奴役国家的决议。赫鲁晓夫在与尼克松的会谈中激烈地抨击这个决议，并怒容满面地嚷了一番话："这项决议很臭，臭得像马刚拉的屎，没有什么东西比那玩意儿更臭了。"

此话是很粗野的，就连赫鲁晓夫的译员听了也顿时涨得满脸通红，好一会儿，才把此话翻译过来。对此，尼克松当然要进行"反击"。要知道，当译员在翻译时，赫鲁晓夫正两眼盯着尼克松呢。但如何反击呢？如果大骂一番，显然反击无力。尼克松想起为他准备的背景材料中曾提到赫鲁晓夫年轻时当过猪倌，他还想起他小时候就知道，马粪常常被用作肥料，但有一次他的邻居用了一担猪粪，那可真是臭气冲天。于是尼克松逼视着赫晓鲁夫的眼睛，用交谈的口气回答说："恐怕主席说错了，还有一样东西比马粪更臭，那就是猪粪。"

尼克松说此话时在表情上神态自若，内容上却暗露锋芒，因此反击力特强，说得赫鲁晓夫欲怒不能，只得转过话题，谈论别的事情了。

当然，"反击"要看准目标，不能过于敏感，疑惑重重，那样反而有失风度与涵养。

1959年赫鲁晓夫出访美国，两国领导人在共进午餐时闲聊。艾森豪威尔想使谈话的气氛轻松些，于是问赫鲁晓夫在假期最喜欢干什么。赫鲁晓夫说他喜欢到黑海海滨游泳或者去乡间打猎。艾森豪威尔说他喜欢出去钓鱼和打高尔夫球，但很难避免不受电话的干扰。赫鲁晓夫听了译员的翻译之后生气地说："我们苏联也有电话，事实上，我们的电话不久就要比你们美国的还多。"应该说，赫鲁晓夫过于敏感了，失去了应有的风度和涵养。

怒火中烧不如"绵里藏针"

令人尴尬的场面也许人人都经历过。当你陷入某种难堪境地时，默不作声，生气以致动怒，都难以摆脱窘境，而有时一两句机智、巧妙的话语却可以打破沉寂，摆脱难堪，使你心中的不快烟消云散。

春节期间，列车上尤其拥挤。亚男中途上车，见对面两边坐席上坐着三个年轻人，边座空着，就走了过去。问："同志，这儿没人吧？"对方说："没有。"亚男于是放下了东西，准备就座。不料，那个男青年突然把腿放到了坐席上。她当时一愣，问："你这是为什么？"

"因为你不会说话。"

"那么，请问该怎么说？"

对方眯起眼睛，装腔作势地说："看来你是井里的青蛙，没见过多大的天地。让大哥告诉你。你得这样说：'大哥，这有人吗？小妹我坐这可以吗？哈哈哈……'"说完，肆无忌惮地狂笑起来。

看他和他的同伴们得意忘形的样子，亚男说："听你这一说，我确实没见过你们这种独特的'礼貌'方式。不过，你们既然见过世面，又有自己独特的礼貌方式，见了我，就应按照我们的礼貌方式办事才对。"

"你说怎么办？"

"那还不容易？看见我来了，就该起身肃立，躬身致礼，说：'大姐，这儿没人，小弟请你赏脸，坐这儿可以吗？'哎，可惜啊可惜，你连自己的'礼貌'信条都做不到，还想教训别人，真是土里的死蚯蚓，一点蓝天都没见过。"

亚男的话，逗笑了周围的乘客，包括另外两个青年。只见那位挑衅者的脸一白一红，尴尬极了。他的另一个同伙忙打圆场道："快请这位小姐坐下吧，咱惹不起。"

面对嬉戏，亚男既没有暴跳如雷，也没因被戏弄而羞赧结舌，而是采取了笑里藏刀术，以柔克刚，挫败了对方。如果她采用怒火中烧的处理办法，结果恐怕就不会如此轻松了。

论辩中，掌握分寸，在轻松愉快的笑谈之中暗藏斥责，往往能化难为易，并且常常能在不露声色、和风细雨中，巧妙地达到猛烈抨击对方、鞭挞对方的目的。

巧妙地借用对方非难、责难时的某些字眼或惯用词汇将计就计，移花接木，把"脏水"反泼到对方头上或以此来分散人们的注意力。

英国首相威尔逊在一次群众大会上演讲时，反对者在下面鼓噪，其中一人高声大骂"垃圾"。为了不使一场严肃的演讲变成一场可笑的争吵，威尔逊用冷静的口吻说："先生，关于你特别感兴趣的问题，我们一会儿再讨论。"

美国的林肯总统也有过类似的遭遇。一次，他正在演讲时，一位先生递给他一张纸条，林肯拆开一看，只有两个字——"傻瓜"。林肯镇静地说："本总统收到过许多匿名信，全都只有正文，不见署名，而今天正好相反，刚才那位先生只署了自己的名字，却忘了给我写信。"

当年国民党考试院院长戴季陶要在广汉建造私邸，建筑师把一位老秀才的三间破屋也划在圈内。老秀才陷入了困境。

朋友们给老秀才出点子，要他利用戴季陶信佛的心理，说这里风水不好。于是，老秀才给戴写了一封信："戴公传贤院长大人钧鉴：迩闻我公于梓里兴建华堂，为广汉古城增色，不胜欣喜。然而动土露去敝舍柴屋三间，本应理当奉献大人，惟此房历来风水败逆，贻误子孙繁衍。如此不毛之地，今我公改建公园，未免魑魅魍魉作怪，不利长居久安……"

戴季陶见信后很生气，当即派人将老秀才三间柴房归还。老秀才"明修栈道"——说风水不好，会闹鬼，这全是为戴院长着想。"暗渡陈仓"——利用信佛人的忌讳，保住了柴屋。

许多人都有这种经历：寒冷的冬天能挨得过，闷热的夏季实在难熬。原因很简单，冬天能生火，运动驱寒；而夏季却不能整天泡在水里避高温。说话也是这样，义正词严容易反击，恶言秽语却难对付，对于这种情况，不宜动粗而宜机智化解之。

给瘸子支根拐杖——让他有"地"放矢

说话要看准对方的心理及脾性，不能病急乱投医。策略对头，才能说话投机，事遂人愿。

说出的话表面上是指自己，实际是说对方，把自己贬低一番，使人觉得他要比你高明，你是需要帮助的弱者。

某公司老板刘先生资金周转不灵，资金如不及时到位，就会给公司带来许多不必要的损失。他本想贷款，而银行又不贷。

就在这个时候，刘老板忽然想起找孙经理帮忙。孙经理是一家大公司的经理，非常富有，不过为人却非常吝啬，简直就是一只铁公鸡，可刘老板却偏偏选中了他。

刘老板先发制人，他经过片刻的思考后，想出了一个计策，那就是因性制人地激一激他。于是他与孙经理约定了见面的日期和地点。

到了那天，刘老板很早便搭车前往。去时他换了一身很一般的衣服，又借了一双带补丁的皮鞋。不过，当车子离孙家还有200米时，他便下了车，用尽力气跑到孙家去。当时天气正炎热，刘老板满头大汗。孙先生见了便诧异地问道："咦，你这是怎么搞的？"

"自行车半路上坏了，我怕赶不上时间，只好推着车子跑来了。"

"那你怎么不坐计程车呢？"

"你不知道，我一向很小气的，坐计程车要花很多钱，我又没有私车，父母赐给我这双脚最好，我碰到赶时间的时候，只要用它就可以，既省钱，又强身。总之，我是很吝啬的，鞋子破了都舍不得再买一双，可不像孙大经理。计程车只有你们这样的才可以坐嘛！"

刘老板事先调查过孙经理没有小车。

"我也很小气啊！所以我也没有自家的轿车。"孙经理谦逊地说。

"不，您是非常地节俭，而我才是小气鬼呢，您不知道，大家都叫我'严监生'呢？"

"但是我从来没听说过你是这种人，其实，我才真被人称作吝啬鬼呢。"

"哎呀！孙经理，人不吝啬的话，是无法创业的，所以，人不能太大方。我们应该小气、更小气，无论如何不能浪费钱财呀。"

"你说得太对啦。"孙经理竟一拍双腿，猛然站了起来。孙经理对刘老板的话产生了共鸣，有一种相见恨晚的感觉。这样孙经理破例慷慨地把钱借给了刘老板。

第四章

赞美话要说得舒心、热情才能沁人心脾

自己不可能称赞自己，但对于别人，却不可吝啬你的称赞。称赞是欣赏，是感谢，是对别人表示敬意。称赞给人的喜悦是无可比拟的。

一副冷漠的面孔和缺乏热情的话是最使人失望的。

怎样称赞别人呢？说话的时候最要紧的还是热诚，一两句敷衍的话，立刻被人发觉你的虚伪。所以每当你称赞别人的时候，不可仅从大处着眼，还要从小处发挥，缺乏热诚的人是不会注意到小节的。

捧人不是万能的，不捧人却是万万不能的

捧人不要天天进行，但也不能一点也不进行。正所谓：捧人不是万能的，不捧人却是万万不能的。

在与人套近乎时，常常要夸他几句或是"捧"他几下，捧人是为拉近人与人的心理距离，为求人办事提供便利。乍一接触"捧"这个字，许多人觉得不顺眼，其实这只是心理作用，捧也就是宣传，宣传是政治家所谓的"捧"；捧是广告，广告就是商人所谓的捧，不过商人的广告，是"自己捧自己"。所谓捧，并不是瞎捧，也不是乱捧，要根据对方的实际情形来捧，因为每个人各有所短，也各有所长。普通人对于别人，只见其短处，不见其长处，且把短处看得很重大，把长处看得很平凡，所以往往觉得"欲捧而无可捧"之感，其实只要你先存着"人无完人"的思想，原谅他的短处，看重他的长处，可捧的地方多着呢！而且你捧某甲，并不表示欺世媚俗，只是要使大众注意甲的长处，也让甲对自己的长处因为大家的注意而格外爱惜，格外努力，做得比目前更好，所以你捧人家是"成物"，反过来，受捧之人定会感激你，那么"成物"正是"成己"，可见捧是"成己成物"的工具，绝非卑鄙的行为。

从前有人以不随意捧人为正直的标志，这样的人到底正直与否尚待讨论，不过这种人眼高手低，心胸狭窄，这倒是不能否认的事实。眼界高，心胸窄的人必不十分得意，因为自己不得意，对于一

般人多少也有仇视妒忌的成分，所以越发不肯随意去捧人。另外年轻人的不肯随意捧人，一是认为捧人便是阿谀谄媚，有损自己人格；二是自视太高，总觉得一般人都不在眼里；三是担心别人胜过了自己，弄得相形见绌。年轻人必须铲除这种不健全的心理，而用心研究如何捧人的方法，自然能体会出其中的奥妙。

捧人的方法很多，其中最不得要领的是，对着某甲一个人捧某甲，因为这样做，大多数人不会领受这一套。应该当着大家的面来捧某甲，把他的长处做一次义务宣传，这样某甲一定很高兴，而且只要捧得不过火，大家也不会觉得你在"拍马屁"。另外一种办法，就是在某甲的背后，大力宣扬他的长处，使听到的人对某甲产生好印象，这样事后间接传回某甲的耳中，效果自然比当面捧他更有力，将来一遇上机会，某甲一定也会回敬你，把你大捧一番。正所谓"我捧人一分，人捧我十分"。常言道：有钱难买背后好，可见一般人更重视背后捧，这也是人之常情。如果你会写文章，写文章更是捧人的绝招，一有机会就把某甲的长处作为你文章的例子，并附上他的真实姓名。如此，你的文章有多少人读，便有多少人捧他。你捧的某甲会是多么高兴、多么得意，对你的感激之情，那还用说吗？联络感情，原不是件容易的事，用捧来联络感情，是最简便有效的方法，而且就道德而论，还正是与古人扬善之旨不谋而合。

适时捧人并不是"长他人志气，灭自己威风"。一般人对自己，唯恐身价不高；对别人，则是吹毛求疵。人与人之间互相"求疵"，结果只能打消了自抬身价的成绩。如果大家都肯长他人志气，就等于大家在长自己的志气，绝不会灭你自己的威风，这不是两全其美的事情吗？

虚则实之——要善说恭维话

说恭维话要虚实并用，只要分寸得当，拿捏准确，绝对胜过千般哀求、万般奔忙。

人人爱听恭维话，人人都渴望得到别人的赞赏和好评。好听的话儿招人爱，这是人的天性。有的人义正词严，标榜自己不受恭维，愿听批评，其实这只不过是他的门面话，你如果信以为真，毫不客气地批评他的缺点，他表面上未必有所表示，内心却很不高兴，对于你的感情只有降低，绝不会增进。所以我们要运用兵法中的虚实之术，示假隐真，善说恭维话，这是处事的本领。

在催债活动中，我们可以根据人的这一天性，善于恭维债务人，从而收回欠款。

1994年5月，盛世食品厂与波奇食品工业供销公司签订一份价值50万元的进口白糖的购销合同。按合同规定，盛世食品厂付给波奇食品工业供销公司预付款共计20万元，盛世食品厂应在3个月内将波奇余款30万元全部付清，运输由波奇食品工业供销公司承担。

3个月后，盛世食品厂的欠款迟迟没有汇来。波奇食品工业供销公司这时正有几笔生意，需要大批资金投入，在这种情况下，盛世食品厂的欠款不还无异于雪上加霜。波奇食品工业供销公司虽几次函电催讨，但无济于事，于是，供销公司派出职工张某前往食品厂讨债。

　　张某先不着急立即去找盛世食品厂的厂长杨某，而是多方打听了解杨某的年龄、性格等情况，得知杨某并非还不了钱，而是希望拖延一天是一天，不想那么快还钱；杨某的儿子刚考上重点大学，杨某爱好广泛，特别喜欢书法，而且造诣颇深，在杨某家里还挂着他自己写的一些字画。张某得知这些情况后，对催债成竹在胸，已有全盘统筹规划。

　　张某打电话与杨某约定，在某日晚上张某将登门拜访。张某如期赶来，未曾落座，就嘘寒问暖，极其热情，似乎久别重逢，他乡遇故知。落座后，张某只字不提债务，反而跟杨某聊起了家常，问及家中儿女几个，现在境况如何？杨某一一予以回答，当说到儿子刚考上某重点大学时，杨某脸上泛起了层层笑意。这怎能逃过张某锐利的眼睛。张某说自己也有一个儿子，快高三了，可惜不成器，学习不好。张某言语间流露出对杨某有如此上进的儿子的羡慕之情，并耐心向杨某讨教如何教育子女的方法。杨某对此深有感触，侃侃而谈，流露出父母对儿子的拳拳教诲之心和望子成龙的期盼。张某不时对杨某的某些观点表示赞同，大发感慨。张某似乎不经意地抬了一下头，盯着墙上的书法看了一会儿，口中啧啧赞叹了几声，然后转过头来问杨某，这是谁人的墨宝？杨某连说"过奖过奖"，这是自己孩子的作品。张某又夸了几句，便说自己也酷爱书法，想请杨某指点一二。杨某看来了同行谈得更来劲了。两人越谈越投机，感情升温。到了适当的时候，张某委婉地说，公司目前十分困难，请杨某考虑一下债务问题，杨某欣然同意。

第二天，张某得胜回朝，追到了 30 万元的欠款。

然而也不要忘记，交往中人们更渴望坦诚相见，真情以待；更希望谦恭、诚实的交往。如果不分对象、不分时机、不分尺度，在交际中总是千方百计、搜肠刮肚找出一大堆好话或赞词，就会常常事与愿违。有一位因不善交际而颇感痛苦的青年朋友诉苦道：他在与人交往时，总是竭力恭维、美言别人，谁知不少人却因此不愿与他深交，更谈不上说什么心里话，有的甚至认为他是个虚伪的人。为此他很纳闷：为什么他竭力恭维别人，却得不到别人的理解呢？这是他没有把握好言语交往中虚实关系的缘故。

首先，要看恭维对象，因人而异。"到什么山，唱什么歌，见什么人，说什么话。"说话要根据交际对象的年龄、性别、职业、文化程度、社会地位和性格特征，因人而异，切不可随意恭维，尤其是新交，更要小心谨慎。比如，你对一位因身材过于肥胖而发愁的姑娘说："你的身材实在是漂亮极了！"她一定会认为你是在取笑她而大为不悦；但如果对一个为自己的身材较好而感到自豪的姑娘说这句话，却可以使她增加对你的好感。还有不少人喜爱结交"道义相砥，过失相规"的"畏友"，他们喜欢"直言不讳"，你越指出他的不足，他越喜欢你，而你越恭维他，他却越讨厌你。同这类人交往，就应该"趋实而避虚"。不过这要在交往比较深的朋友中才能使用这种方法，避免犯"交浅而言深"的错误。

其次，要注意恭维的时机。古代兵法设计用谋，就是善于发现与捕捉事物发展变化之"机"，说话也是这样。当你发现对方有值得赞美恭维的地方，就要及时大胆地赞美恭维，千万不要错过时机。若错过了时机再恭维，只能南辕北辙，结果事与愿违。同时还要记住：当你的朋友发现他自己的某种不足而正想改正时，你却对他的这种不足之处大加赞赏，绝不会令你的朋友满意。"朋友有劝规过之谊"的古训，也是交际中的一个准则。

最后，要掌握分寸，不要弄巧成拙。不切实际的评价其实是一种讽刺。使用过多的华丽词藻，过度的恭维，空洞的奉承，只能使对方感到不舒服，不自在，甚至难堪、肉麻，结果令人厌恶，适得其反。违心地迎合、奉承和讨好也有损于自己的人格。假如你对一位字写得比较漂亮的朋友说："您写的字是全世界最漂亮的！"结果只能使双方难堪。但如果你换句话说："您写的字的确很漂亮！"你的朋友一定会感到高兴，说不定还会向你介绍一番他练字的经过和经验呢。

在言语交往中要注意掌握虚和实的关系，该实则实，该虚则虚，同时要注意这种"虚"应建立在理解他人、鼓励他人、满足他人的正常需要的基础上，为人际交往创造一种和谐友好的气氛，虚中有诚，发自肺腑，情真意切。适度得体的恭维会句句暖人心，句句添友情，而带着不可告人目的曲意迎合是社交中为我们所不齿的。

在第三者面前赞美人效果更好

赞美是一种学问，其中奥妙无穷，但最有效的赞美则是在第三者面前赞美别人。这种方法不仅能使对方愉悦，更具有表现出真实感的优点。

秘密在告诉别人后就不称其为秘密。然而，我们却常在许多场合，听过或者说过"我告诉你一个秘密，你可不能再告诉别人！"我们总是天真地认为对方会保守秘密，绝不会再让他人知道，殊不知隐藏不住秘密是一般人的常情，而秘密终究会传到当事者的耳朵里。

倘若传递的事件有关个人的名誉时，其影响力之大将不可比拟。令人心悸的是，如果这秘密是恶意的抨击批评，在告诉他人时，连听话的也极有可能对你产生不安，怀疑你这种人在他处也会采取同样的行动来诽谤自己。至于传到当事者耳朵里的后果当然更不用说。

但是，如果以"我告诉你一个秘密，你可不能再告诉别人"的方式来间接表达赞美之词，是不是能获得比预期更好的效果呢？答案是肯定的。利用这种人性弱点，将称赞之词传出去，的确是恭维别人、尊重他人的良好方法。依据对心理学的研究，背后的称赞比当面的赞美更能获得他人的欢心。

　　张某和李某毕业于同一所重点大学，同年分配到某单位秘书处任秘书。工作三年后，处里有一个升任科长的名额。张某和李某各有所长，张某的专业能力非常强，但为人有点清高自傲，不擅长与人交往；李某的专业能力虽然不如张某，却非常擅长与人打交道，并且特别注意在各种适当的场合宣传处长的能干和成绩。处长再三考虑后决定提拔李某。但张某心里很不平衡，因为他对李某十分了解，在上大学时，自己品学兼优，而李某却因多门考试不及格差点让学校勒令退学回家。可如今，无能的李某却要骑在自己头上指手画脚。张某想不通，就到局长那里越级告状，但局长不但没有改变处长的决定，还将这件事透露给了处长。心胸狭窄的处长自然是怀恨在心，此后便处处给张某穿小鞋。

　　好听话谁都愿意听，表扬更是一种很让人陶醉的精神享受。聪明的你就不妨大方一点，多赞美别人吧。人们总是期望别人对他们能够有一个高度的评价，你对他们评价越高，他们对你的评价也就越高。而且，当你要收回他们的高度评价时，为了争取让你重新给予他们高度评价，他们会做出更大的努力。横扫欧亚大陆的一代战神拿破仑，非常精于此道。

　　据说，在一次防御作战时，意大利军团两个屡立战功的团队因士气不振而丢失阵地，拿破仑将这些表现动摇的士兵集合在一起，用悲伤和愤怒的声调说："你们不应轻易丢掉自己的阵地，光荣的意大利军团士兵不应是这样的品质。"说着，他命令身边的参谋长在这两个团的军旗上写一句话：他们不再属于意大利军团。士兵们羞愧难当，哭着请求拿破仑暂时不要写这句话，再给他们一次立功赎罪的机会。此后的作战中，士兵中奋勇冲杀，终于保住了自己的荣誉。

赞扬是一种非常高超的控制人的手段，如果你经常发自内心地赞扬别人，你就为你能够对他们施加影响打下了基础，在这种基础形成后，你对他们的批评意见会对他们产生十分强烈而有效的影响。如果别人接受了你对他们的夸奖，即使你的意见听起来不是那么让人愉快，他们也会比较乐于接受你的意见。

人总是喜欢听好听的话，即使明知对方讲的是奉承话，心里还是免不了会沾沾自喜，这是人性的弱点。换句话说，一个人受到别人的赞美，绝不会觉得厌恶，除非对方说得太离谱了。假如有一位陌生人对你说："我的朋友经常对我说，你是位很了不起的人！"相信你感动的心情会油然而生。因为这种赞美比起一个魁梧的男人当面对你说"先生，我是你的崇拜者"更让人舒坦，也更容易相信它的真实性。因为当你直接赞美下属时，对方极可能以为那是应酬话、恭维话，目的只在于安慰自己罢了；若是通过第三者的传达，效果便截然不同了。此时，当事者必然认为那是认真的赞美，毫无虚伪，于是真诚接受，感激不已。在深受感动之下，这位属下会更加努力工作，以报答你的"知遇"之恩。

事实上，在我们的周围，可把这种方法派上用场之处不胜枚举。例如父母希望孩子用功读书时，如果整天教训孩子，也很难说有多大效果，假如孩子从别人那里知道父母对自己的期望和关心，父母在自己身上花的心血，自然会产生极大的动力。

在待人处事中，当你评价下属的工作时，当然更可以使用此法。例如，让下属的顶头上司说句好话，或故意在下属的妻子和朋友面前赞美他，这些方法都能收到相当好的效果。

　　试想一下，如果有人告诉你，某某人在你背后说了许多关于你的好话，你会不高兴吗？这种赞美，如果当着你的面说给你听，或许会适得其反，让你感到虚假，或者怀疑他是不是出于真心。为什么间接听来的便觉得特别地悦耳动听呢？那是因为你坚信对方是在真心赞美你。

赞美之词要有"闪光点"

赞美一个人不需要严肃得像做报告或写论文。赞美之词需要自然流露，需要在一定场景下有感而发，不要给人以"拍马屁"之嫌。

有一位颇具文才的作家叫霍尔·凯因。他的作品很有生命力，他出身卑微，只念了八年书就辍学找工作养家。不过，他很喜欢十四行诗和民谣，特别崇拜诗人但丁和欣赏罗塞迪的文学与艺术修养。

有一天，他一时兴起，写了一封信给罗塞迪，赞美他在艺术上的贡献。罗塞迪非常高兴，心想："如此赞美我的人，一定也是很有才华的人。"于是就请霍尔·凯因来伦敦当自己的秘书。

这是凯因一生的转折点。自就任新职后，他和当时的文学家密切往来，得到他们的支持和鼓励，再加上自己不断的努力，不久，其文学名声便远扬各地。

诚心地赞美就有这样不可名状的威力。凯因的奉承可以说是说到了点子上。

在人与人的交往中，任何人都是喜欢被人奉承的，也喜欢自己奉承自己。

第一次世界大战结束时，德意志帝国惨败，德皇威廉二世顿时成为全世界都讨厌的人，连自己的国民也与他为敌。正当他准备亡命荷兰时，突然收到一位少年的来信，信中充满了一片稚子之情和赞美词："不论别人怎么想，我永远爱您！"

威廉二世看了这封信，异常感动，立刻回信给少年，希望能和他见面。少年的母亲带着他去见威廉二世，意外地促成皇帝和少年之母的一段美好姻缘。

任何人都不会拒绝别人真诚的奉承，包括领导。拿破仑对善于奉承的人很反感，这一点很多人都知道。有一个聪明的士兵却来到拿破仑面前说："将军，您最不喜欢听奉承话，您是真正英明的人啊！"拿破仑听后不仅没斥责他，反而十分自豪。

这位士兵对拿破仑的脾气秉性摸得很透，深知他讨厌奉承的话；但这位士兵又绝顶聪明，他准确地捕捉到了拿破仑的这一性格特点。

由此可见，奉承可以改善人与人之间的关系。实际上，世上没有人能对奉承无动于衷，只不过奉承技巧有高低而已。大文豪萧伯纳曾经说过："每次有人捧我，我就头痛，因为他们捧得不够。"由此可见，高帽子人人喜欢戴，可是奉承却并非人人都会。

还比如，你见到一个四十多岁的人，就问："你三十几啦？"他回答："不止，四十多了。"你赶紧说："怎么会，看上去这么年轻，顶多也只有三十几岁。"人人都希望自己看上去年轻。将人的实际年龄尽量说小一些，以赢得别人的欢心。同样的道理，为满足别人的一种虚荣心理，将他用的东西价钱夸大。比如别人穿了一件二百元的衣服，你就说："你这件衣服三百几啊？"对方说："没有，才二百多。"你就装作吃惊地说："怎么会！这么好的衣服怎

么也得三百多。"对方说:"真的只有二百多。"这时你再感叹道:
"你真会买衣服,这么漂亮的衣服才花二百多!"如果你这样做了,
相信效果肯定不错!

　　赞美人的方式是各种各样的,而且是千变万化的,在嬉笑怒骂
间常可收到出奇的效果,从而增进与朋友间的友谊。而了解他人的
心理则是赞美人获得成功的前提条件。因为是否了解他人的心理,
决定了你的赞美是否恰当,成效是否明显,也是衡量你赞美人水平
高低的标志。

　　赞美奉承成功的一个诀窍是,只有谙熟了对方心理,才能辨
别其优缺点,"顺藤摸瓜",你才能准确定位,并尽可能触及其最
美的那一部分。对方在欣喜之余,会视你为知己,继续向你袒露心
怀,使你不断捕捉赞美的闪光点,你的赞美也才更加得体,游刃有
余。如果不了解他人心理,你就不知道他有何可赞之处,更不知他
需要什么。

　　当然,了解他人心理,不仅要抓住对方大致的心理活动,而且
要于细微之处下功夫,利用细小的刺激来影响其特定情形下的心
理,从而使你的赞美既巧收"润物细无声"之效,又有极强的针
对性。

难言之隐要成"脱口秀"

有些话很难说出口，但又不得不说出口，而且早说比晚说效果要更好，这样就需要适时地、巧妙地去表达，把它当成"脱口秀"，顺其自然地说出来，让听者觉得舒服，也让说者逃过尴尬。

恭维别人，尽说一些好听的话，倒也不难。但是，在现实生活中，有时候你却不得不说一些对方不愿意听，或者于对方不利的话。

觉得难说出口而一拖再拖，不但会令你更加开不了口，而且，当不得不说的时候，还会被责问："为什么不早一点告诉我？"这么一来，你的形象在别人眼里就大大地下降了。

许多人都有过胆小、懦弱的时候，对于说不出口的话，总是没办法坦然地说出，因此，吃了不少亏，也给别人带来了麻烦。

说话的技巧是要抓住要点，适时地把内容做最有效果的传达。所以，平时满嘴叽里呱啦、说得天花乱坠，在必要关头却开不了口的人，算不上"能言善道"。

那么，要如何才能把一件不便说出口的事，巧妙婉转地表达出来呢？

早做决定。"说不出来的话，更要早一点表达"，是第一要点。时机一错过，更叫你开不了口。

另外，直截了当地把"不，不行"向对方表白的话，会刺激到对方的情绪，造成彼此的不快，尤其是对于长辈、上级，更不能用直接的拒绝方式，这不利于减缓对方所承受的压力。

如果对方是充满自信、人格又相当优秀的人，或许对于毫不留情的反面言语，会平心静气地接受。但是，这样的人实在太少了。

因此，最好的应答方式是："啊，是这样的啊！""原来如此"。先正面地接受它，然后再婉转地把自己相反的意见，以"我觉得……不知您觉得如何？"的方式表达出来。

有些时候必须委托大忙人代理一些事，这时一般人往往会说："真抱歉，这么忙的时候又打扰您……"

其实，不如提示对方一些处理方法，这样，对方承接工作的意愿就会提高些。

另外，纠正别人、斥责别人的时候，总是难以开口。如果换个讲法，提示一点给对方，就可以毫无芥蒂地开口，相信对方也能够顺从地接受。

圣彼得堡一个因赌场失意、欠债累累的少尉在喝得酩酊大醉时，说了一句"沙皇陛下在我的屁股底下"，被他的一个宿敌军官告到法庭。

法庭的法官经过认真的审理，确认少尉有罪，圣彼得堡的记者们要报道这一判决的理由，又不能重复那句侮辱皇上的话，真是费尽心思。其中一个聪明的晚报记者写的消息，被各报采用。

晚报记者这样写道："安里扬诺陆军少尉违法，军事法庭判处有期徒刑两年，因为他泄露了一些有关沙皇陛下住处的令人不安的消息。"

赞美要注意对策

赞美一个人要有策略性的进攻手段，可以赞美他的一些"身外之物"，也可以赞美他一直不为人知却自以为得意之事。只有别出心裁，才能打动他的心。

A君是报社的编辑，长得很像一位电影明星。当他和朋友一起到酒吧时，首次见到他的女服务员，也都说他和电影明星长得很相像。通常，被认为与名演员相像，大都不会生气，但A君却因此更加沉默了。

也许，女服务员在说这句半奉承、半开玩笑的话时，并无特别的含义，所以看到A君不高兴，一定感到非常奇怪。对以服务顾客为业的她们来说，我不得不说，这种赞美的方法实在很不高明。因为那位电影明星专饰冷酷反派的人物，因此别人说他们相像，虽是赞美他，却也等于指责了他的缺点。

赞美是门大学问，就像上述的例子，自认是缺点的事，反而受到夸赞，当然令他无法接受。所以，要引出对方更多的话题，必须很快看出对方希望怎么被称赞，然后再朝这一方面下手，一语破的，也就是要满足对方。因此，在远未确定对方的喜好前，千万不要随意赞美对方，免得弄巧成拙，这是其一。

其二，如果对方满意你的赞美时，不要就此结束，应改变表达方式，再三地赞美同一点。因为仅仅一两次的赞美，会被认为是一种奉承，而重复地称赞，可信度会提高。所以，赞美对方时，一定要三思，并随时注意对方心情的变化。

赞美词是一把双刃利剑，在社交中，它能增进人际关系，也能破坏人际关系。适当地赞美，就像社交中的润滑剂；但过分地赞美，就会被对方认为你虚伪和别有用心而受到鄙视。

我们无须在对方的人品或性格上下功夫，最要紧的是，对其过去的事迹、行为或身上的装饰品等，即成型的具体事物，做适当地赞美。当你说"你真是个好人！"时，也许发于至诚，但在初次见面的短时间内，你又怎么知道呢？因此容易引起对方的怀疑和戒心。

如果夸赞对方的事迹或行为，情况就不同了。因为对既成事实的赞美，与交情的深浅无关，对方也较易接受。我们不必直接去赞美对方，只要做"间接地恭维"，于初次见面时就能收到效果。若对方是女性，那么她身上的衣服首饰，便是我们"间接恭维"的最好题材。

了解了这种"间接恭维"的效用后，与其毫无准备地去面对一位初识的人，倒不如事先准备"间接恭维"的材料。有了这种准备，对方往往会因你一句赞美词而毫无保留地打开心扉。

用"间接恭维"可以调动对方的情绪，更容易将对方带入话题。

不过，凡说恭维赞美的话一定要切合实际，到别人家里，与其乱捧一场，不如赞美房子布置得别出心裁，或欣赏壁上的一张好画，或惊叹一个盆景的精巧，你要毫无成见地欣赏别人的爱好和情趣。

　　主人爱狗，你应该赞美他养的一只狗；主人养了许多金鱼，你应该欣赏那些鱼的美丽。赞美别人最近的工作成绩，最心爱的宠物，最费心血的设计，是比说上许多无谓而虚泛的客气话要好得多。

　　特别关心别人的某一种事物，必使人在欣喜之外还觉感激。士为知己者死，女为悦己者容。钟子期死后，俞伯牙不再鼓琴，其感恩知己至如此甚者，不外子期能懂得欣赏他的琴声并给予其恰如其分的赞美而已。所以善于说话的人，每每因一句赞美的话说得适当，就为他的前途奠定了一个基础，这并非奇事。

　　从内心说出的敬佩别人的话才有意思，如果对对方不够了解，就不可盲目地恭维。不切实际的恭维很容易使人讨厌。

"高帽"要规格适当

人人都需要一顶高帽，但并不是所有的高帽都是一种形式。只有既好看又不被风刮倒的高帽，才能有市场。

在现实的交往中，大凡向别人敬献谄媚之词的人，总是抱着一定的投机心理，他们自信不足而自卑有余，无法通过名正言顺的方式博取对方的赏识，表现自己的能力，达到自己的目标，只好采取一种不花力气又有效果的途径——谄媚。

须知，恭维别人并不是轻而易举的事，所谓的"拍马屁""阿谀""谄媚"，都是技艺拙劣的高帽工厂加工的伪劣产品，因为它们不符合赞美和恭维的标准。

高帽尽管好，可尺寸也得合乎规格才行。滥做过重的高帽是不明智的。赞扬招致荣誉心，荣誉心产生满足感，但人们发现你言过其实时，常常因此感觉受到了愚弄。所以宁肯不去恭维，也不宜夸大无边。

过分粗浅的溢美之词同时会毁坏你的名声，降低你的品位。不论用传统交际的眼光看，还是用现代交际的眼光看，阿谀谄媚都是一种卑鄙的行为。正人君子鄙弃它，小人之辈也不便明火执仗应用它，即使被人号称的"拍马行家"或"马屁精"，也会对这种行为嗤之以鼻。孔老夫子有话："巧言令色鲜矣仁。"毛泽东生前也多次批评过吹吹拍拍、拉拉扯扯的庸俗作风。可见，阿谀谄媚者，无仁无义、俗不可耐。

如何做好高帽呢？

恭维话要有坦诚得体的态度，而且要冲着对方得意之事。

奉承别人首要的条件，是要有一份诚挚的心及认真的态度。言辞会反映一个人的心理，因而轻率的说话态度，很容易被对方识破，从而产生不快的感觉。

恭维话不是廉价的商品可以随时随地乱扔，因为人们对一些廉价的东西是不会放在心上的。

对于不了解的人，最好先不要深谈。要等你找出他喜欢的是哪一种赞扬，才可进一步交谈。最重要的是，不要随便恭维别人，有的人不吃这一套。

高帽就是美丽的谎言。首先要让人乐于相信和接受，就不能把傻孩子说成是天才，那样会让人感到离谱；其次是要美丽高雅，不能俗不可耐、低三下四，糟蹋自己也让别人倒胃口；最后便是不可过白过滥，毫无特点。

好话要尽快说出口

有时一两句赞美人的话并不是要从对方那里得到些什么回报，它只是一种自然地流露，但却需要说出口，让别人去了解。因为你在世间不能成为一个孤独的行者，你需要他人的相伴。

生活中我们常常顾忌得太多，想法也很好却没有执行。总想夸别人几句以表达自己的敬意，却碍于情面或担心别人有想法而只好作罢。这样的例子太多了——

下属工作出色，你对他的表现很满意，真想好好地表扬他一番。可是，你怕他听了"翘尾巴"，怕从此失去应有的威严，于是你克制住自己，只是按部就班地向他布置下一个任务……

上司确实有魄力，处理问题正确果断，而且作风正派，身先士卒，你很想在共同享用工作餐时把大家对他的好评，包括你的肯定，直接告诉给他。但是，你怕这会被他视为别有用心，怕别的同事视你在"拍马屁"，更怕这会丧失了自我尊严，于是你将话咽了回去……

在楼门口遇上了邻居全家，老少三辈，全体出动，是去附近的小饭馆聚餐。看到他们那和谐喜悦的情形，你想跟他们说几句祝福的话，可是你想到人家平时并没有跟自己家说过什么吉利话，又觉得此时此刻人家也许并不会珍视你的友好表示，于是你只是侧身让他们一家走过，然后远远地望着他们的后背……

在商场购物，你遇上了一位服务态度确实非常好的售货员。当她将你购买的商品装进漂亮的塑料袋，亲切地递到你手中时，你本想不仅说一声"谢谢"，而且再加上几句鼓励的话，可是到头来你还是没说，因为你想着"我是'上帝'，她本应如此""反正总会有别的顾客表扬她"……

在研讨会上，遇上了你长期的对手，你们的观点总是针尖麦芒般互斥。然而，这回他的发言，尽管你仍然不能苟同他的论述，可是他那认真探索的精神，自成逻辑的推演，抑扬顿挫、流畅自如的宣讲，实在令你不能不佩服他的功力。在会议休息饮茶时，你真想走过去跟他说："虽然我不能同意你的观点，可是我的的确确愿意为了维护你的表达权，而做出最大的努力……"你都走到他跟前了，却又忽然觉得说这种话会招来误会，而且，你觉得这也实在并不是什么新鲜的话语，于是你开了口，没说出这样的话，却吐出了几句咄咄逼人"语带双关"的酸话……

人与人之间需要好话。非自我功利目的的好话，在这个世界上不是多了而是还很缺乏。因此你一定不要吝啬自己的赞美之词，将你的感激表达出来吧。

消除心头的疑虑吧！当你心头涌现了非自我功利目的、自然亲切、朴素厚实的好话时，不要犹豫，不要迟疑，不要退却，不要扭曲，要快把好话说出口！只要你确实由衷而发、充满善意、问心无愧，你就大大方方、清清楚楚地把你那好话说出来。即使遇上了"狗咬吕洞宾"的情形，"好心换了个驴肝肺"，你也并无所失，因为你焕发着人性善的光辉，你把好话给予别人，那也是必要的播种。一般来说，这世上的绝大多数人，是会接受你善意、爱意、亲合意向的种子的，这种子落在他们的心田，多半会生出根，发出芽，开出花，结出果……这世界上，除非你是那样地坚强，那样地能耐寂寞，那样地不惧怕恶言恶语，到头来，你也还是需要来自他人的好言好语……

当然，善意的批评，恨铁不成钢的讽刺，乃至义正词严的训斥，也可以视为广义上的好话；并且，对民族公敌，对贪官污吏，对社会渣滓，不存在着跟他们说好话的问题。至于腹藏剑而口涂蜜，阿谀奉承，巧言取利，甜语凑趣……自然不能算是真正的好话。不过这都不包括在我们所说的范畴内。但即使是日日相见，已被柴米油盐酱醋茶消磨了浪漫的夫妻，如果在一刹那间忽有好话涌上心头，请赶快把它说出口。这不仅绝不多余，甚至会成为你们携手共度岁月的重要黏合剂！

将"恭维"发扬光大

赞美他人要有的放矢，要敢于赞美他人，让不同的语言在同一个人的口中发挥不同的作用。

《论语》上说："人告之以过则喜。"实际上，恐怕只有孔子这样的圣贤才有如此雅量，一般情况下，普通人都不可能做到这一点。大家常说"良药苦口利于病，忠言逆耳利于行"，但真正能听得进逆耳忠言的我们要适当地赞美别人的优点长处。这种赞美必须是诚心的，而不是为了阿谀逢迎而故意夸大的虚假的赞美。交友时，说话如果能很好地运用这一条，对于朋友间的和谐大有裨益。所以说话时应当灵活，不妨适当说些赞美话。

或许，大家都以为恭维人乃是小人所为，大丈夫光明磊落，行正身直。事实上，我们都应该清楚一个道理，那就是枪炮或毒药可以杀死无辜的百姓，是因为它们被坏人利用了，而不是它们本身有什么不好。正如鸦片会使人丧命，是因为贩毒者利用了它，而在药店里，鸦片则又成为很好的麻醉剂和镇静剂，可以用它来解除病人的痛苦。明白了这个道理，我们就应该承认，恭维作为一种说话的方式，我们有权使用，而且如果我们用得恰当，会取得意想不到的效果。

赞美话并不是随便恭维，要注意对象和内容。任何人都在心底有一种希望，年轻人的希望是他自己，老年人则把希望寄托在年轻人身上。年轻人当然希望自己前途无量，宏图大展，所以赞美时须点出几条，证明他是有潜力的。而老年人自知年老力衰，一切都已成为过去，所谓"好汉不提当年勇"，他们只希望后辈人能超过自己，创出更好的前程。所以，对老年人赞美时，不妨将着眼点放到他们的晚辈人身上，并将老年人与其晚辈比较，指出后辈的长处。这样抑老扬少的做法，不但不会引起老人的反感，相反他会很高兴。

对于不同职业不同文化程度的人，赞美也应有所区别。对待商人，如果赞美他才高八斗、学富五车显然不行；而对文化人说他如何财源广进、财运亨通更是不妥；对于官员，你若说他生财有道，他定以为你是骂他贪污受贿。因此要注意区别，同时也要注意掌握好赞美的分寸。

领导要懂得适时夸奖下属

员工并不是生产的工具和赚钱的机器，除了物质追求外，还需要自尊和享受，所以，给他们适度的赞扬不仅可以达到沟通的目的，还可以促使他们工作更卖力气。

一份民意测验结果表明，89%的人希望自己能得到领导的好评，只有2%的人认为领导的赞扬无所谓。当被问及为什么工作时，92%的人选择了个人发展的需要。而人的发展的需要是全面的，不仅包括物质利益方面，还包括名誉、地位等精神方面，因为人们工作是为了更好地生存和发展，这就有金钱和职位等方面的愿望，但除此之外，人们更加追求个人荣誉。在单位里，大部分人能兢兢业业地完成本职工作，每个人都非常在乎领导的评价，而领导的赞扬是下属最需要的奖赏。

在很多单位，职员或职工的工资和收入都是相对稳定的，人们不必要在这方面费很多心思。但人们都很在乎自己在领导心目中的形象问题，对领导对自己的看法和一言一行都非常细心、非常敏感。领导的表扬往往很具有权威性，是确立自己在本单位或本公司同事中的价值和位置的依据。

有的领导善于给自己的下属就某方面的能力排座次，使每个人按不同的标准排列都能名列前茅，可以说是一种皆大欢喜的激励方法。比如：小张是本单位第一位博士；小王是本单位"舞"林第一高手；小郑是单位计算机专家……人人都有个第一的头衔，人人的长处都得到肯定，整个集体几乎是由各方面的优秀分子组成的，能不说这是一个生动活泼、奋发向上的集体吗？

常言道，重赏之下必有勇夫，这是一种物质的、低层次的激励下属的方法。物质激励具有很大的局限性，比如在机关或政府，奖金都不是随意发放的；下属的很多优点和长处也不适合用物质奖励。相比之下，领导的赞扬不仅不需要冒多少风险，也不需要多少本钱或代价，就能很容易地满足一个人的荣誉感和成就感，使其在精神上受到鼓励。

当你经过一个多星期的昼夜奋战，精心准备和组织了一次大型会议而累得精疲力竭时，或是经过深入虎穴取得了关于犯罪团伙的若干证据时，抑或是经过深思熟虑而想出一条解决双方纠纷的妥善办法时，你最需要什么？当然是领导的赞扬和同事的鼓励。

如果一个下属很认真地完成了一项任务或做出了一些成绩，虽然此时他表面上装得毫不在意，但心里却默默地期待着领导来一番称心如意的嘉奖，而领导一旦没有关注，不给予公正的赞扬，他必定会产生一种挫折感，对领导也产生看法，"反正领导也看不见，干好干坏一个样"。这样的领导怎能调动起大家的积极性呢？

领导的赞扬是下属工作的精神动力。同样，一个下属在不同的领导指挥下，工作劲头判若两人，这与领导善用还是不善用赞扬的激励方法是分不开的。

有些下属长期受领导的忽视，领导不批评他，也不表扬他，时间长了，下属心里肯定会嘀咕：领导怎么从不表扬我，是对我有偏见还是妒忌我的成就？于是同领导相处不冷不热，注意保持远距离，没有什么友谊和感情可言，最终形成隔阂。

领导的赞扬不仅表明了领导对下属的肯定和赏识，还表明领导很关注下属的事情，对他的一言一行都很关心。有人受到赞美后常常高兴地对朋友讲："瞧我们的头儿既关心我又赏识我，我做的那件连自己都觉得没什么了不起的事也被他大大夸奖了一番，跟着他干气儿顺。"互相都有这么好的看法，能有什么隔阂？能不团结一致，拧成一股绳把工作搞好吗？

第五章

多听少说常点头，耐心倾听胜滔滔滥讲

社交之中，聆听对方说话是对人的尊重与礼貌，但听很有学问，听不只是被动地接受着对方，还应主动地反馈，这就需要做出会心的呼应——少说常点头，必要时，也得插上几句表示听懂或赞同的声音，或有意识地重复某句你认为很重要、很有意思的话。这样就会把本来比较含糊的思路整理得更明晰了；同时，对方心理上也会觉得你听得很专心，对他的话很重视，会有"酒逢知己千杯少"之感，话题也会谈得更广、更深，对方也会更多地与你心连心。

倾听对方的不快心情

如果对方能倾吐不快心情，并且自己能对此给予安慰和解决，这种关系已不同一般，再让他办事就顺理成章。

在现实生活中，需要办的事情是各种各样的，因此可能接触的人也是各种各样，学会聆听他们的不快心情，则亲近关系会更进一层。大家的心中都可能隐藏着烦恼或不满之情，虽然只是暂时的，只要周遭的条件一改变，这些烦恼或不满还是会卷土重来的。因此，对于他人的不满或烦恼，我们务必要有以下的认识：情绪的不稳定大多发生在年轻人或女人身上，因人而有强弱的差异，所以表现出来的只是极小部分，大部分在内心自行解决了。反观我们本身的经验，就可以了解这些情形。

首先回忆一下喝酒时的状况。你经常和谁一起喝酒？或许有人始终是独酌，然而大部分的人是和能接纳彼此内心的人共饮。和这种朋友畅饮时，或许你会比平常更爱发牢骚，而且朋友会认真地聆听，不太会批判或提出反论。

接着，回想你邀请部属喝一杯时的情景。在把酒谈笑间，你与部属谁有较多话呢？大致都是你比部属更多话吧！而且，你谈话的内容大多为工作背后关系的说明或辩解，以及对部属意见的批判或说教等。

了解了这些烦恼的情形，接下来就是调整不满与烦恼的具体政策了。

首先整理出自己必备的心理准备。其一，部属会怀着不满与烦恼是天经地义的事。其二，不要压抑不满与烦恼。领导者如果采取压抑的方式，则部属会把它们隐藏在心底，把不满表露于外。其三，解决部属的不满与烦恼，是领导者的重要工作之一。其四，及早发现与及早解决。及早发现的重点，在于领导者要每天注意观察部属的言行举止。

其次，实际地聆听部属的不满与烦恼，然后汇整解决的具体方案。第一，找个安静的不会受第三者干扰的地点。第二，设法使对方放松心情。专挑对方有兴趣的话题来闲谈，使气氛变得轻松一点，或是采取亲切的谈话方式。

当部属表明不满时，不要囫囵吞下他所说的话，务必要查明事实。因为部属未必能正确地道出事实，或许是看法不同罢了。确认事实后，思考解决不满的方法，然后留意以下的要点，以便能正确地实施：反复聆听部属所说的话，尽可能诱导他本人找出解决的方法。就好比与朋友一起喝酒，一股脑儿地倾诉心中的不悦，心情逐渐开朗，说着说着就想出解决方法一样。

能彻底地道出心中的话，烦恼与不满就已减轻了一半，所以倾诉是解决烦恼的策略之一。

实行解决方案：在实行解决方案之前，要仔细检讨对其他部属的影响。在施行解决策略之前，要向当事人及其他关系者详细说明，并使他们理解，施行后勿忘继续追踪。

竖起耳朵，闭上嘴巴

当你在认真地聆听别人讲话的时候，你的认真，你的全心全意，你的鼓励和赞美都会使对方感到你在尊重他，当然你也会得到善意的回报。

当谈到听别人讲话的效果时，美国著名学者查理·艾略特讲了一个真实的故事：艾略特从商店买了一套衣服，很快他就失望了，原因是衣服会掉色，把他的衬衣领子都染了。艾略特拿着这件衣服来到商店，找到卖这件衣服的售货员，想说说事情经过，刚说两句，售货员就不耐烦地打断了他的话。

售货员声明说："我们卖了几千套这样的衣服，您是第一个找上门来抱怨衣服质量不好的人。"他的语气似乎在说，您在撒谎，您想诬赖我们，等我给您点厉害看看。

吵得正凶的时候，第二个售货员走了进来，说："所有深色礼服开始穿时都会褪色，一点办法都没有。特别是这种价钱的衣服，这种衣服是染过的。"

"我差点给气得跳起来。"艾略特先生叙述这件事时强调说，"第一个售货员怀疑我是否诚实，第二个售货员说我买的是二等品。我气死了。我准备对他们说，你们把这件衣服收下，随便扔到什么地方，见鬼去吧。正在这时这个部门的负责人出来了，他很内行。

他的做法改变了我的情绪，使一个被激怒的顾客变成了满意的顾客。他是怎样做的？

"首先，他一句话没讲，专心地听我把话讲完。其次，当我把话讲完，那两个售货员又开始陈述他们的观点时，他开始反驳他们，帮我说话。他不仅指出了我的衬衣领子确实是因衣服褪色而弄脏的，而且还强调说商店不应当出售使顾客不满意的商品。后来，他承认他不知道这套衣服为什么出毛病，并且直接对我说："您想怎么处理？我一定遵照您说的办。'

"90分钟前我还准备把这件可恶的衣服扔给他们，可现在我却回答说："我想听听您的意见，我想知道，这套衣服以后还会不会再染脏领子，能否再想点什么办法。'他建议我："再穿一星期，如果还不能使您满意，您把它拿来，我们想办法解决。请原谅，给您添了这些麻烦。'

"我满意地离开了商店。七天后，衣服不再掉色了。我完全相信这家商店了。"

因此，在待人处事中，需要特别注意的问题，就是一定要集中精力听对方的话，少说多听，最好是做个只开口不讲话的"开心果"。在待人处事中，以下几点是尤其需要注意的：

（1）办公室恋情秘而不宣。同事之间出现恋情，这是不可避免的。对于同事告诉自己的办公室之恋，应该只是听听而已，不可参与意见，以免造成误会，使老板认为你是办公室恋情的一个赞成或支持者。

（2）对于自己看不顺眼的事情，最好是一笑了之，不必与之纠缠。假如遇到一位利用男女私情博取上司欢心的同事，尽管你内心对他多么不屑，也不要公开谈论。因为即使你将之传开，也不能改变现状，反而有可能影响你的形象，非常不值。

（3）加薪幅度一定要互相保密。在商业机构中，是不可能有绝对公平的，每个人加薪幅度的多少，只能证明老板对员工的印象和喜爱的程度有多大，而不一定是工作能力的好坏与否。因此，不要执着于加薪的幅度而互相询问、传播，以免自讨没趣，惹得老板不快。

（4）不要向同事诉苦。如果你有对公司不满的情绪，切不可向同事倾诉，因为他们不仅帮不上你的忙，反而有可能把事情弄得更糟，从而影响你的前途。假如有同事向你诉苦的话，你应当多加安慰，但不能表示任何意见，否则，你就容易在不知不觉中扮演了一名煽动者的角色。

为了逞一时之快，图口头上的痛快而影响个人，是与成功之道背道而驰的。然而，有些人在待人处事中，却根本不管对方是不是爱听，只管自己滔滔不绝地神侃胡吹，以为这样就能博取对方的好感，殊不知恰恰相反，反而成了社交场上谁都不愿意打交道的"讨厌鬼"。因此，在待人处事中，一定要管住自己的嘴巴，竖起你的耳朵。

三缄其口益无边

西方有句谚语说得好：上帝之所以给人一个嘴巴，两只耳朵，就是要人多听少说。

西方一位企业界人士说过："之所以要讲究说话的技巧，是因为许多人常常不假思索就信口开河，因而导致种种不良的后果。"他还说："为了达到目的，说话时必须力求简单明了而且有说服力。但最重要的是，该说则说，不该说则不说，不了解的事就不该说，甚至突然想起的话题，也应该尽量避免向朋友提及。"

俗话说，一言可以兴邦，一言可以丧邦。所以老于世故的人，对人总是唯唯诺诺，可以不开口的，就尽可能做到三缄其口。

在现实中，正人君子有之，奸佞小人有之；既有坦途，也有暗礁。在复杂的环境中，不注意说话的内容、分寸、方式和对象，往往容易招惹是非，授人以柄，甚至祸从口出。因此，说话小心些，为人谨慎些，使自己置身于进可取、退可守的有利位置，牢牢地把握人生的主动权，无疑是有益的。一个毫无城府、喋喋不休的人，会显得浅薄俗气、缺乏涵养而不受欢迎。

随便说话的害处是非常多的。比如某君有不可告人的隐私，你说话时偏偏在无意中说到他的隐私，言者无心，听者有意，他会认为你是有意跟他过不去，从此对你恨之入骨；他做的事，别有用心，极力掩饰不使人知，如果被你知道了，必然对你非常不利。如果你与对方非常熟悉，绝对不能向他表明你绝不泄密，那将会自找麻烦。唯一可行的办法，只有假装不知，若无其事；他有阴谋诡计，你却参与其事，代为决策，帮他执行，从乐观的方面来说，你是他的亲信之士，而从悲观的方面来说，你是他的心腹之患。你虽然谨守秘密，从来不提及这件事，不料另有人识破机关，对外宣传，那么你无法逃掉泄密的嫌疑。你只有多多亲近他，表示自己并无二心，同时设法查到泄露这个秘密的人；对方对你并不十分信任，你却极力讨好他，为其出谋划策，假如他采用你的话，而试行的结果并不好，一定会疑心你在有意捉弄他，使他上当，即使试行结果很好，他对你也未必增加好感，认为你只是偶然发现，不能算你的功劳，所以，你在这个时候还是不说话为好。对方获得了成功是由于采纳了你的计策，而他又是你的领导，那么他必然会怕好名声被你抢去，内心惴惴不安。你知道这一情况后，就应该到处宣扬，逢人便说，极力表示这是领导的计谋，是领导的远见，一点也不要透露你曾经出了什么力。

你有得意的事，就该与得意的人谈；你有失意的事，应该和失意的人谈。说话时一定要掌握好时机和火候，不然的话，一定会碰一鼻子灰，不但目的达不到，而遭冷遇、受申斥也是意料中的事。有些奸佞小人，巧妙地利用了别人在说话时机、场合上的失误，拿他人当枪使，以达到损人利己的目的。

常言道，"祸从口出"，为人处世一定要把好口风，什么话能说，什么话不能说，什么话可信，什么话不可信，都要在脑子里多绕几个弯子，心里有个小九九。害人之心不可有，防人之心不可无。一旦中了小人的圈套为其利用，后悔就来不及了！

每个人都有自己的秘密，都有一些压在心里不愿为人知的事情。同事之间，哪怕感情不错，也不要随便把你的事情、你的秘密告诉对方，这是一个不容忽视的问题。

你的秘密可能是私事，也可能与公司的事有关。如果你无意之中说给了同事，很快，这些秘密就不再是秘密了。它会成为公司上下人人皆知的事。这样，对你极为不利，至少会让同事多多少少对你产生一点"疑问"，对你的形象造成伤害。

还有，你的秘密，一旦告诉的是一个别有用心的人，他虽然不一定在公司立即进行传播，但在关键时刻，他会拿出你的秘密作为武器回击你，使你在竞争中失败。因为一般来说，个人的秘密大多是一些不甚体面、不甚光彩甚至是有很大污点的事情。这个把柄若让人抓住，你的竞争力就会大大地削弱了。

常说话，但不必说太多

　　说话是嘴巴的一项功能，长久不用必会迟钝；但为人处事却又要有尺寸，它要遵循"多说无益"的原则。

　　美国第十三任总统约翰·卡尔文·柯立芝以少言寡语出名，常被人们称作"沉默的卡尔"。艾丽斯·罗斯福·朗沃思就曾说柯立芝"看上去像从盐水里捞出来的"。

　　柯立芝却说："我认为美国人民希望有一头严肃的驴做总统，我只是顺应了民心而已。"

　　由于柯立芝总统的沉默寡言，许多人便总是以和他多说话为荣耀。

　　在一次宴会上，坐在柯立芝身旁的一位夫人千方百计想使柯立芝和她多聊聊。她说："柯立芝先生，我和别人打了个赌，我一定能从你口中引出三个以上的字眼来。"

　　"你输了！"柯立芝说道。

　　一次，一位社交界的知名女士与总统挨肩而坐，她滔滔不绝地高谈阔论，但总统依然一言不发，她只得对总统说："总统先生，您太沉默寡言了。今天，我一定得设法让您多说几句话，起码得超过两个字。"

　　柯立芝总统说："徒劳。"

《菜根谭》上说："文章做到极处，无有他奇，只是恰好；人品做到极处，无有他异，只是本然。"柯立芝总统很好地把握住了这一点，因此，给人留下了深刻的印象。

世界著名的谈话艺术家司脱·费用特曾教人谈话中应注意的主要条件，他说："你必须时常说话，但不必说得太多。见人随机应变，什么人便向他说什么话，少叙述故事，除了确实是贴切而简短的故事之外，总以绝对不讲为佳。与人谈话，同时也要注意态度，切不可扯住别人的衣袖，动手动脚地讲话。讲话时要注意附顺，切忌妄自尊大。在团体中谈话通常要避免争论。谈话最好勿作自我的宣传。外表应坦白而率直，内心应谨慎而仔细。谈话时要正面面向人家，以示你的诚意，不要随随便便，不要模仿他人。和人家开口赌咒，闭口发誓，是既坏又粗鄙俗劣的事。高声哄笑，是下流群众的口气，真实的机智和健全的理性，绝不会引人哄笑……"

应当常说话，但不要说得太多，这是什么道理呢？因为说话不是独白，假如你听别人说话像背书一样，你是不是会感到讨厌或是无法听进去呢？至于"常说话"，是为了增强别人对你的印象。随机应变，见什么人说什么话，这道理也是非常明显的，因为你必须迎合对方的心理，才能使别人对你有一个好印象。但每个人的心理需求是不同的，所以你必须随机应变。你在批评人的时候应特别注意这一点。

如果在谈话中你能遵照费用特的建议去做，生活中就会减少许多烦恼。

在某次宴会上，某人向邻座的太太讲起了某校校长的秘密来，同时表现出对校长卑鄙行为的大不满，并大大地说了一堆攻击的话。

直到后来，那位太太才问他道："先生，你认识我是谁吗？"

"还没有请教你贵姓。"他回答道。

"我正是你说的那位校长的妻子。"

这位先生窘住了，但隔了一会儿，他却凛然地问道："那么，你认识我吗？"

"不认识。"那位太太摇头作答。

"哦，还好，还好！"那人这才如释重负地说道。

这里，那个先生就犯了随便对人说话的毛病，幸亏那位太太不认识他，否则，不仅现场非常尴尬，还可能因说校长的坏话，给自己带来十分不利的影响。

善解人意的人会听话

静听他人说话，并不失时机地加入几句，可以让对方知无不言，言无不尽，而且还能获得让对方赞同自己的机会。

虽然从对方的行为态度中可以辨别出他的心意，但是看透对方的方法，最主要的还是让对方多说话，"言多必失"的另一种含义就是话多了就会暴露出他的真实想法。凡是善解人意的能手，都是借着相互间的交谈来透视对方。

有这样一位经理，他心存好意，请刘某到小吃店去喝酒，想要劝服刘某留下来，可是却没有收到效果。因为在会谈时，喝酒的目的是要使对方的心情放松，然后再引出他心中的话。可是经理一开始就在说教，自己这么严肃，叫对方如何能轻松得起来呢？而且在这种情况下，最忌讳的就是严肃的说教。

如果要听取对方的意见，应该以轻松的态度来交谈，我们可从旁引导，让对方有多开口说话的机会。对方肯说出他的意见，我们就能根据他的意见，去分析透视他的心意。

无论是怎样的话题，都应该让对方尽量去发挥，无论内容是否真实，我们都可引来作为判断的资料，资料越多，我们的判断就越正确。但是，这样做并不是叫你一句话也不说，只默默地去听对方说话，因为过分的沉默，会使对方不好意思继续说下去。我们的目的在于要让对方痛痛快快地把话说出来，了解对方的心意，因此必要时，我们应想法把对方诱导到知无不言、言无不尽的境地。

不要使对方因为你的话而不能接着说下去。因此，我们开口发言时应多加斟酌。

一方面，每一个人都喜欢叙述和自己有关的事，都想美化自己，也都想让对方相信自己的叙述；另一方面，每一个人又想探知别人的秘密，并且都想及早转告别人。这种现象，也许可以说是人的本性。"一吐为快"的心理，有时会受到某种因素的限制，对方不敢大胆地说。遇到这种情况，我们应该想办法解除限制，这样，对方就会自动地说出心里话了，这就是所谓的"善解人意"。

偶尔听到部属结结巴巴地向上司汇报事情的时候，如果上司很不耐烦地说："好了，好了！不要结结巴巴的，有什么话赶快说。"那这位上司，真可以说是比封建时代的君主还要专制！

假如对方因为某种因素而说不出话时，你应该想办法去帮助他，使他很自然地说清楚才对。

真正巧妙地引导他人说话的方法，就是要了解对方说话的内容和趋向，然后从多方面协助他（就像向导一般地为他开路）使他的谈话能够流畅，最好在他做结论时，你就可以向他表示赞同。

"唔""对！""有道理"……这类口头语，不宜多用。有时故意质问或做轻微的反驳，也可激起对方的兴趣，使他滔滔不绝地说下去。

但是，真正会说话的人，在交谈中，不仅仅要求对方能畅所欲言，同时他自己在暗中还要把持着"领导"的地位；这也就是说，他一方面表示赞同，另一方面又适当地加以询问，然后把对方引导到预期的话题上来。他不会让对方发觉整个交谈过程都是由他操纵的。

有一位新闻界很有名的记者，他的文章虽然不怎么样，但是他的采访能力非常强，不管遇到什么难题，只要他去采访，对方就不得不说出真话来。据这位记者表示："这并没有什么秘诀，只要能够充分了解对方的立场，把握好提问的方法，并配合自己的精力和耐力，再难的对手，我也不怕。"有一次，他这样说："老实说，我只是站在伴奏者的立场来演出，只要伴奏得法，不善于唱歌的人也能唱得很好。"

善于听话的人就是这样，总是在有意无意中把对方诱导到自己喜欢的话题上来。

第六章

说出去的话收回来难，三思才能滴水不漏

　　人们常说，说出去的话如泼出去的水，那是收不回来的。这句话是有一定道理的。一些说话粗鲁者，动不动就一句"垃圾"，动不动就一句"败类"，像人人欠了他一屁股债似的大呼小骂，像这样的话肯定伤人，要收回就难了。

　　所以我们在人际交往中，在开口之前一定要三思而后言，想清楚了，心中有策略了再开口，一环扣一套，一节又一勾，彼此呼应，如此才能滴水不漏。

打肿脸也不是胖子，该拒绝就得拒绝

没有孙悟空的能耐，就不要幻想着大闹天宫，降妖捉怪。有时好想法并不代表有好结果，当他人的请求你办不到时就不要逞能。要做到有所为和有所不为，万不可勉为其难活受罪。

一般来说，拒绝别人的要求也的确是件不容易的事。日本有所"说话技巧大学"的一位教授说："央求人固然是一件难事，而当别人央求你，你又不得不拒绝的时候，亦是让人头痛万分的。因为每一个人都有自尊心，希望得到别人的重视，同时我们也不希望别人不愉快，因而，也就难以说出拒绝之话了。"

如果你不是神经极度错乱的话，就不会有这种情况。因为当你仔细斟酌之后，知道答应对方的要求将会给自己带来伤害，肯定不会为了面子上过得去，而去干违心的事。

有些请求有明显的荒谬性，但即使这样的请求，拒绝的形式也要力求婉转。拒绝的意向要表示得坚定明确，不要让对方抱有丝毫不切实际的希望。

每个学期期末考试前当老师的人，都如同过关一样难熬，原因是很多学生以各种借口或方式来打听考题，希望老师高抬贵手"放风"。但这是原则问题，是绝对不能答应的。千万不能说"我们商量一下再说"或"到时候看看再说"之类模棱两可的话。每逢遇到这种情况，富有经验的老师总是这么说："我也当过学生，当学生的怕考试，古今中外莫不如此。因此，同学们的心情我完全可以理解。但是，十分抱歉，同学们的要求我是绝对不能答应的。如果在复习中有什么疑难问题，我倒是十分乐意和同学们一起研究解决。"这样做，最后并未损害师生之间的情谊。相反，如果拉不下脸面而在考试前"放风"，很可能费力不讨好。因为原来学习好的学生由于现在大家成绩都很高，便认为老师的做法埋没了他的才能；原来学习差的学生，高兴一阵后觉得这样的考试没有挑战性，也没学到多少东西，结果也很有意见。这样的教师，最后落得个"老鼠掉在风箱里——两头受气"的结局。

人是需要有点风度的，即使你是在拒绝别人。拒绝人的时候，应该努力以一种平静而庄重的神情讲话。因为在一般情况下，对于一个客气的拒绝，人们是不能非议的。

一个自己不喜欢的人请你去酒店吃饭，而你又极不愿意去，这时，如果直截了当地回绝对方："我才不和你这样的人一起出去吃饭呢！"就会令对方下不了台，也许对方请你吃饭并无恶意，相反，尽管心里一百二十个不愿意，仍然笑容满面、彬彬有礼地说："我很感谢你的盛情。不过，十分抱歉，前天有几位老同学已经约好了，所以今天我就没有福气享受你的美意了。"

由于你笑容满面，礼貌待人，再加上提出了一个对方无法反驳的理由，对方也就相信，你真的是无法和他一起吃饭了，也就只好作罢。而且由于你拒绝的时候先感谢了他，维护了对方的自尊心，对方也就不会责怪你了。

　　如果你想避免生硬的拒绝，可以提出一个相反的建议，但要提得合情合理。假如你的一位同事想把本来应该由他自己完成的任务转嫁到你的头上，也许你会出自本能地答道："哎呀，你的事我可干不来。"这就不太好了，此时你不妨这样对他说："我很愿意帮你的忙，但实在不凑巧，我手头上自己那份工作还没干完。依我看，就你的能力和素质，你是完全可以胜任的，你不妨先干起来。或许我能帮你干点别的什么？譬如说我今天要上街买东西，能顺便给你带点什么吗？"

　　这样，既有拒绝，又有一个相反建议，对方还能有什么好说的呢？

　　通常情况下，在拒绝别人的问题上还有一个误解：就是必须说明理由。实际上在很多场合下是不必说明理由的，而且理由要说起来也不一定能说清楚，或很可能被对方反驳，那就可能节外生枝，事与愿违了。

揭人之短，伤人自尊

与人交谈时，忌谈他人的隐私和对方的尴尬之事，否则会影响谈话效果，损害人际关系。如果遵循了这些"礼貌原则"不随意触及对方的"情感禁区"，则会使谈话顺利地进行下去。

寒暄客套的话谁都能说，但并不是谁都会说，一不小心，也许你就踏进了言语的"雷区"，触到了对方的隐私和短处，犯了对方的忌讳，对听话者造成一定的伤害。其实，每个人都有所长，亦有所短，待人处事的成功，一个很重要的因素就是善于发现对方身上的优点，夸奖对方的长处，而不要抓住别人的隐私、痛处和缺点，大做文章。

"揭短"，有时是故意的，那是互相敌视的双方用来作为攻击对方的武器。"揭短"，有时又是无意的，那是因为某种原因一不小心犯了对方的忌讳。有心也好，无意也罢，在待人处事中揭人之短都会伤害对方的自尊，轻则影响双方的感情，重则导致友谊的破裂。

明太祖朱元璋出身贫寒，做了皇帝后自然少不了有昔日的穷哥们儿到京城找他。这些人满以为朱元璋会念在昔日共同受罪的情分上，给他们封个一官半职，谁知朱元璋最忌讳别人揭他的老底，认为那样会有损自己的威信，因此对来访者大都拒而不见。

有位朱元璋儿时一块光屁股长大的好友，千里迢迢从老家凤阳赶到南京，几经周折总算进了皇宫。一见面，这位老兄便当着文武百官大叫大嚷起来："哎呀，朱老四，你当了皇帝可真威风啊！还认得我吗？当年咱俩可是一块儿光着屁股玩耍，你干了坏事总是让我替你挨打。记得有一次咱俩一块儿偷豆子吃，背着大人用破瓦罐煮。豆还没煮熟你就先抢起来，结果把瓦罐都打烂了，豆子撒了一地。你吃得太急，豆子卡在嗓子眼儿还是我帮你弄出来的。怎么，不记得啦！"

这位老兄还在那喋喋不休，宝座上的朱元璋再也坐不住了，心想此人太不知趣，居然当着文武百官的面揭我的短处，让我这个当皇帝的脸往哪儿搁。盛怒之下，朱元璋下令把这个穷哥们儿杀了。这就是令他人脸上挂不住的下场。

那么，怎样才能做到不"揭人之短"呢？

——必须通晓对方，做到既了解对方的长处，也了解对方的不足，这样才能在交际中做到"知己知彼，百战不殆"。因为每个人都会有自己的个性和习惯，有自己的需求和忌讳，如果你对交际对象的优缺点一无所知，那么交际起来，就会"盲人骑瞎马"，难免踏进"雷区"，触犯对方的隐私。

——要善于择善弃恶。要多夸别人的长处，尽量回避对方的缺点和错误。"好汉愿提当年勇"，又有谁人愿意提及自己不光彩的一页呢？特别是如果有人拿这些不光彩的问题来做文章，就等于在伤口上撒盐，无论谁都是不能忍受的。

——指出对方的缺点和不足时，要顾及场合，别伤及对方的面子。

——巧给对方留面子。有时候，对方的缺点和错误无法回避，必须直接面对，这时就要采取委婉含蓄的说法，淡化矛盾，以免发生冲突。

此外，许多情况下，经常有人是"常有理不见得会说话"，自己占理却总是说不到点子上。所以说要想把话说到别人的心坎儿上，除了不揭人之短之外，还要特别注意"避人所忌"。

俗话说得好："打人不打脸，揭人不揭短。"要想与他人友好相处，就要尽量体谅他人，维护他人的自尊，避开言语"雷区"，千万不要揭人之短！

过于锋利的刀子容易伤及自身

想在他人面前显示自己的聪明时，应该以不使他人感到过分为标准，绝对不能锋芒毕露，让他人感到难堪或受到威胁，更不可"聪明反被聪明误"！

记得古人曾经说过："过分聪明、过分强悍的大将反而是灭家亡国之人。"从交际中的语言角度来看，这也是待人处世中的箴言。

南宋时期的秦桧，可以说得上是一个奸诈的无耻之徒。一个下属为了讨好上司，送给秦桧一张名贵的地毯。秦桧把这张地毯往屋里一铺，不大不小，恰好合适。秦桧由此想到，这个人太精明了，他连我屋子的大小都已测出来了，还有什么事情能瞒得了他呢？惯于在背后算计人的秦桧，怎么可能容忍别人对自己的心思掌握得如此透彻呢？因此，有了这个想法后，那个"聪明"下属的命运也就可想而知了。

所以说，下属与上司打交道最忌讳的一点就是，下属在上司面前卖弄自己的聪明。虽然说任何一个上司都希望自己的下属既聪明能干又对自己绝对忠诚，但聪明的下属要注意：一定要把握好这个度，既不能愚笨木讷，更不可聪明过头。如果你以为千方百计显示自己的才华，便能够博得上司的好感，那就大错特错了。因为你适当地显示自己的能干，一点错也没有，岂不知任何事如果做过了头，往往会走到其反面。如果你"聪明"过度，上司就会觉得在你面前什么事都瞒不住，就会疏远你。试想一下，世上之人哪个没点个人隐私？别说高高在上的上司了，就是普通人又有谁愿意把自己的内心世界让别人完全看透，没有一点遮掩？

一般的人都会有过这样的体验：刀刃钝的刀子再怎么用力也切不下去，这是无法改变的事实；而刀刃锋利的刀子虽然很好切，但一不小心反而容易切伤自己，非得小心不可。

推此及彼，在待人处事中最好也不要锋芒毕露，以免祸起萧墙，惹火烧身。例如，你对公司的内情十分了解，当那些弄不清楚真相的人在谈论这件事的时候，其中有些人是想借机探听消息的，而你却毫无戒心，把自己所知道的内情一五一十地全说了出去。结果，本来对这件事并不十分了解的人，反而从你嘴里得到了情报。如果你恰好碰到的是别有用心的人，他再跑到上司面前去搬弄是非，让上司以为是你在随便散播小道消息，结果本来是对自己很有利的情报，反而成为自己的绊脚石，这可真是得不偿失。

看到这里，你肯定会说："这个道理不用说，我早就知道了！"但是，你是否真的能时时刻刻地记住这个原则，并且随时谨记在心呢？恐怕不尽然。

比如通常情况下，每个公司都会有能力高与能力一般的人，而主管总是喜欢把工作交代给能力比较高的人，认为能力高的人一定能够不负所托地完成任务。但是，这一类人却多半容易骄傲自满，一有了骄矜之心就容易锋芒毕露，锋芒太露的人反而容易遭人嫉妒。所以，在待人处世中，聪明的人一定懂得明哲保身之道，不随便展现自己全部的实力，让人了解自己有多少战斗力。

那么，你是否感到自己在某方面的才华锋芒毕露？别忘了宝刀不可随便出鞘的道理。因为在决斗一开始的时候，你就先亮出自己的传家宝刀，让对方一眼就看穿了你的宝刀，这一场决斗你就输定了。这时，宝刀一定要在最后关头才可出鞘，这样你才有反败为胜的机会。任何时候都不可让对方从一开始就追着你打，到最后你只能弃城投降一条路。对方越是不知道你的实力，越是不敢掉以轻心。

"忌口"的话题不可多谈

在交际场上口若悬河、滔滔不绝，这固然是不少人所向往的。但是，假若口无遮拦，说漏了嘴，说错了话，也是很难补救的，所以说话应讲究"忌口"。否则，若因言语不慎而让别人下不了台，或把事情搞糟，是不礼貌的，也是不明智的。

热衷于打听别人隐私的人是令人讨厌的。在西方人的应酬中，"探问女士的年龄"被看成是最不礼貌的习惯之一，所以西方人在日常应酬中可以对女士毫无顾忌地大加赞赏，却不去过问对方的年龄。

人们似乎都有一大爱好，那就是特别注意他人的隐私，而且尤以注意名人的隐私为最。那些街头小报一旦出现了一篇有关某某名人的隐私，如"某某离婚揭秘""某某情变内幕"之类，就容易被哄抢一空。

在与人交往中，为了避免引起别人的不快，一定要避免探问对方的隐私。在你打算向对方提出某个问题的时候，最好是先在脑中过一遍，看这个问题是否会涉及对方的个人隐私，如果涉及了，要尽可能地避免，这样对方不仅会乐于接受你，还会为你在应酬中得体的问话与轻松的交谈而对你留下好印象，为继续交往打下了良好的基础。

有人喜欢当众谈及对方错处、隐私。心理学研究表明：谁都不愿把自己的错处或隐私在公众面前"曝光"，一旦被人曝光，就会感到难堪而恼怒。因此在交往中，如果不是为了某种特殊需要，一般应尽量避免接触这些敏感区，免使对方当众出丑。必要时可采用委婉的话暗示你已知道他的错处或隐私，让他感到有压力而不得不改正。知趣的、会权衡的人只需"点到即止"，一般是会顾全自己的脸面而悄悄收场的。当面揭短，让对方出了丑，说不定会恼羞成怒，或者干脆耍赖，出现很难堪的局面。至于一些纯属隐私、非原则性的错处，最好的办法是装聋作哑，千万别去追究。

在交际场上，人们常会碰到这类情况，讲了一句外行话，念错了一个字，搞错了一个人的名字，被人抢白了两句，等等。这种情况，对方本已十分尴尬，生怕更多的人知道。你如果作为知情者，一般来说，只要这种失误无关大局，就不必大加张扬，故意搞得人人皆知，更不要抱着幸灾乐祸的态度，以为"这下可抓住你的笑柄啦"，来个小题大做，拿人家的失误来做取乐的笑料。因为这样做不仅对事情的成功无益，而且由于伤害了对方的自尊心，你将结下怨敌。同时，也有损于你自己的"光辉"形象，人们会认为你是个刻薄饶舌的人，会对你反感、有戒心，因而敬而远之，所以，不要故意渲染他人的失误。

在社交中，有时遇到一些竞争性的文体活动，比如下棋、乒乓球赛等。尽管只是一些娱乐性活动，但人的竞争心理总是希望成为胜利者。一些"棋迷""球迷"就更是如此。有经验的社交者，在自己取胜把握比较大的情况下，往往并不把对方搞得太惨，而是适当地给对方留点面子，让他也胜一两局。尤其在对方是老人、长辈的情况下，你若穷追不舍，让他狼狈不堪，有时还可能会引起意想不到的后果，让你无法收场。其实，只要不是正式比赛，作为交流感情、增进友谊的文体活动，又何必酿成不愉快的局面呢？在其他的事情上也一样，集体活动中，你固然多才多艺，但也要给别人一点表现自己的机会；即使你足智多谋，也不妨再征求一下别人的意见。"一言堂""独风流"是不利于社交的。此时，要给对方留点余地。

在交往中，我们有时结识了新朋友，即使你对他有一定好感，但毕竟是初交，缺乏更深切的本能性的了解，你不宜过早与对方讲深交、讨好的话，包括不要轻易为对方出主意。否则很可能会导致"出力不讨好"的结果。因为对方若实行你的主意，却行不通，好友尚可不计，但其他人则可能以为你在捉弄他，即使行之有效，他也不一定为几句话而感激你。除非是好友，否则不宜说深交的话。

有些事情，对方认为不能做，而你认为应该做；或者对于某事，你是箭在弦上，不得不发，而他却又认为不该做，或做不了。这时你不要把自己的意见强加于他。强人所难，是不礼貌、不明智的。有的人说话时旁若无人、滔滔不绝，不看别人脸色，不看时机场合，只管满足自己的表现欲，这是修养差的表现。说话应注意对方的反应，不断调整自己的情绪和讲话内容，使谈话更有意思，更为融洽。强人所难和不见机行事都是应当避免的。

你必须注意，即使是一个很好的题材，说时也要适可而止，不可拖得太长，否则会令人疲倦。说完一个话题之后，若不能引起对方发言，或必须仍由你支撑局面，就要另找新鲜题材，只有如此，才能把对方的兴趣维持下去。在谈话当中，对方的发言机会虽为你所操纵着，但你必须时常找机会诱导对方说话。比如说到某一环节时可征求他对该问题的看法，或在某种情形时请他介绍自己的经验等，务使对方不致呆听，才不失为一个善于说话的人。话题转了两三次，而对方仍无将发言机会接过去的意思，或没有做主动发言的表示时，你应该设法把这个谈话结束。即使你精神还好，也应让别人休息休息了。自己包办了大半的发言机会，是不得已时才偶尔为之的方法，若以为别人爱听自己的话，或不管别人是否感兴趣，只顾自己随意说下去，那就有失说话的滴水不漏了。

在任何地方和场合，针对任何话题，我们都要做到尽量少说话，不要口无遮拦。

不可出力不讨好——避免被人误解

　　言语中常会引起别人的误解，此时就应反省一下为何会出现这种情况，是否停顿不当，省略过多，还是方言过频，一定要避免这种词不达意的情况出现。

　　年轻小伙子阿伟打算为新交的女友小兰买一件生日礼物。他们交往时间不长，小伙子经过仔细考虑，认为送一副手套最恰当不过了，既浪漫，又不显得过分亲昵。

　　下午，阿伟去百货商店给女友买了一副白色的手套，让女友的妹妹小丽带给她姐姐。小丽给自己买了一条内裤。回家的路上，小丽把两件物品弄颠倒了，结果送给小兰的礼物变成了内裤。

　　当晚，阿伟一回到家里就接到了小兰的电话："你为什么买这样的礼物送我？"

　　没有听出来对方的怒气，阿伟的情绪很高，他说起话来空前流利，根本容不得小兰插嘴："小兰，我之所以选了这件礼物，是因为据我留心观察，你晚上和我出门时总是不用它，我没有给你买长的，因为我注意到，小丽用的是短的，很容易脱下来。它的色调非常浅，不过，卖它的女士让我看她用的同样的东西，她说已经三个星期没洗了，但一点都不脏。我还让她当场试了试你的，它看上去好看极了……"

"神经病！"

等待对方夸奖的阿伟猛然听到这三个字，当时就蒙了，愣在那里根本说不出话来……

为什么恋爱的双方会造成误会？粗心的小丽固然有一定的责任，但是当事人双方交谈不明确恐怕是主要原因。在电话中，双方都以为自己话中的"礼物"非常明确，所以，都没有说出来，结果闹出了笑话。

社会是由形形色色的人所聚集成的，每个人的立场不同，工作性质也不一样。在这众人聚集的工作场所里，总会发生一些意想不到的误解，甚至是摸不着头绪的纠纷。

当遭人误解时，做工作就会显得困难重重，幸福的生活也会失去和谐，不但是自己的损失，还会影响到大局，甚至团体的利益。

有的人不管是在表达信息，还是说明某些事情时，常常在言词上有所缺失，结果弄得只有自己明白，别人一点也搞不清真相，这种人就是缺乏"让对方明白"的意识，以致容易招来对方的误解。

有的人不管什么事，都顾虑过多，从不发表意见。因此，个人的存在感相当薄弱，变成容易受人误会的对象。

这样的人总希望对方不必听太多说明就能明白，缺乏积极表达自己意见的魄力。对于这种类型的人而言，含蓄并不是美德，这一点要深刻反省。

有一种人头脑聪明，任何事都能办得妥当，但是却经常自以为是，我行我素。即使着手一件新工作，也从不和别人照会一声，只管自作主张地干。这么一来，即使自己把工作圆满完成，上级及周围的人也不会表示欢迎。

第七章

批评要批到点子上——巧妙批评 的话别人最爱听

赞美几乎人人爱听，但很多时候，批评却是指正对方错误和改变对方成见的必要途径。一个善于批评，巧于批评的人，能做到谈笑间将婉转批评之语沁入人的心扉，让对方欣然接受，并改正自己的缺点和态度，这是一种更高智慧的体现，是口才艺术的高级表达形式。

巧妙批评，注意委婉而不攻击

批评是一种技术，更是一种艺术，巧妙的批评不但能使别人接受，更能在彼此之间架起一座沟通的桥梁。恰到好处的批评能帮别人改正错误，找到自身的缺点，但批评别人时一定要注意方式方法，否则的话有适得其反的效果。

奥斯特洛夫斯基曾经说过："批评，这是正常的血液循环，没有它就不免有停滞和生病的现象。"我们每一个人都不是生活在真空里，就像我们身上要沾染许多病菌一样，在我们的思想意识和言谈行为上，也会不可避免地出现一些缺点、错误。采取积极的自我批评，才能保证自己的身心健康。但是当我们批评别人时就没有那么容易和简单了，一定要讲究批评的方式和方法，才能达到预期的效果。

那么，采取什么样的批评方式才会取得好的效果呢？

（1）体谅对方的情绪，取得对方的信任

这是使批评达到预期效果的第一步。"心直口快"作为人的一种性格来说，在某些方面的确可体现出它的优点，但在批评他人时，"心直口快"者往往不能体谅对方的情绪，图嘴上一时痛快，随口而出，过后又把说过的话忘了，而在被批评者的心理上却蒙上了一层阴影。所以当你在批评他人时，不妨学会从别人的角度来看问题，设身处地地站在对方的立场考虑一下，自己是否能接受得了这种批评。如果所批评的话自己听来都有些生硬，有些愤愤不平，那么就该检讨一下措辞方面有何要修改之处。

（2）要有诚恳而友好的态度

批评是一个敏感的话题，哪怕是轻微的批评，都不会如赞扬那样使人感到舒畅，而且，批评对象总是用挑剔或敌对的态度来对待批评者。所以，如果批评者态度不诚恳，或者居高临下，冷峻生硬，就会引发矛盾，产生对立情绪，使批评陷入僵局。

因此，批评必须注意态度，诚恳而友好的态度就像一剂润滑剂，往往能使摩擦减少，从而使批评达到预期效果。

（3）把批评用作鼓励是最佳的批评模式

英国18世纪著名评论家亚迪森曾经说过："真正懂得批评的人看重的是'正'，而不是'误'。"这里所说的"正"，实际上就是隐恶扬善，从正面来加以鼓励，也就是一种含蓄的批评，能使批评对象不自觉地改正自己的错误和缺点。可以说从正面鼓励对方改正缺点、错误的间接批评方法，比直接批评效果会更快、更好。因为这种批评方法易于被对方所接受，从而产生良好的效果。

在开展批评时，除了以上几点外，还有几个问题务必要注意。

（1）就事论事，勿伤及人格

批评他人，有什么问题就说什么问题，切勿把"陈谷子烂芝麻"统统翻出来，纠缠在一起，算总账。这样做，只能引起对方的反感。而揭对方的伤疤，甚至伤害其人格，则会容易引起对方的愤怒，应该绝对避免。

（2）具体明确，切勿抽象笼统

在批评他人之前，先要明确是就哪件事或事情的哪个方面进行批评，那么就以事实为基础，越具体明确越好。抽象笼统，"一竿子打死一船人"，别人就难以弄懂你的意思了。

（3）语气亲切，勿武断生硬

有什么样的态度就有什么样的用语。如果态度诚恳，语气也必定会亲切，让人听了心里舒服；如果态度生硬，自以为是，别人也就不会买你的账。有的人批评人时总喜欢用"你应该这样做……""你不应该这样做……"，仿佛只有他的看法才是正确的，这种自以为是的口吻只会引起人的反感。

（4）建议定向，勿言不及义

批评和建议是紧密联系在一起的，批评的主要目的是希望对方能改正缺点、错误，从而向正确的方向发展，所提的建议当然应该是为对方指出方向。但有的人提的建议不具体，让人糊里糊涂，弄不明白。如有客人要来家吃饭，妻子对丈夫说"你能不能不老在那看报？"不如说"你能不能帮我摆好桌椅、碗筷，客人就要来了"。这样就从另一个角度婉言批评了丈夫的懒惰，同时给他指明了改正的方向。

巧妙的批评是一门学问颇深的口才艺术，只有批评批到"点子"上，别人才能接受你的批评，批评时尽量要委婉含蓄，才能让人真心改正自己的缺点。

批评时，不能伤害别人的自尊心

西方学者马斯洛在研究人的生存需要的五个层次时，把尊严放在了较高的层次里，保护自己的自尊心不受伤害是每个人深层次的需要。很多的时候，人们在批评别人时其实是对别人尊严的挑战，很容易激发别人的反感和憎恶，所以在批评别人时一定注意保护好对方的自尊心，运用巧妙的批评方式，才能让对方乐于接受。

宋朝时有个官员叫张咏，听说寇准当上了宰相，对其部下说："寇公奇才，惜学术不足尔。"这句话一语破的。张咏与寇准是多年的至交，他很想找个机会劝劝老朋友多读些书。因为身为宰相，关系到天下的兴衰，应该有更为丰富的学识。

恰巧时隔不久，寇准因事来到陕西，刚刚卸任的张咏也从成都来到这里。老友相会，格外高兴，寇准设宴款待，在郊外送别临分手时，寇准问张咏："何以教准？"张咏对此早有所考虑，正想趁机劝寇公多读书。可是又一琢磨，寇准已是堂堂的宰相，居一人之下，万人之上，不能直截了当地说他没学问。张咏略微思考了一下，便慢条斯理地说了一句："《霍光传》不可不读。"当时寇准弄不明白张咏这话是什么意思，可是老友不愿再多说一句，言讫而别。回到相府，寇准赶紧找出《汉书·霍光传》，他从头仔细阅读，当他读到"然光不学亡术，暗于大理"时，恍然大悟，自言自语地说："此张公谓我矣！"书中所描述的霍光，正是当年任过大司马、大将军要职，地位相当于宋朝的宰相，他辅佐汉朝立有大功，但是居功自傲，不好学习，不明事理。这与寇准有某些相似之处。因此寇准读了《霍光传》，很快明白了张咏的用意，感到从中受益匪浅。

寇准是北宋时期著名的政治家，为人刚毅正直，思维敏捷，张咏赞许他为当世"奇才"。所谓"学术不足"，正是指寇准不大注重学习，知识面不宽，这就会极大地限制寇准才能的发挥，因此，张咏对寇准多读书以加深学问的批评是既客观又中肯。然而，说得太直，对于刚刚当上宰相的寇准来说，面子上不好看，而且传出去还影响其形象。张咏知道寇准是个聪明人，给了一句"《霍光传》不可不读"的赠言让其自悟，何等婉转曲折，而"不学无术"这个连常人都难以接受的批评，通过一种委婉方式，使当朝宰相的也愉快地接受了。张咏这一"借书言事"的妙招着实让人敬佩，他不但保护了身为宰相的寇准的尊严，也使老朋友能够从批评中醒悟，从而获益良多。寇准作为北宋名相与张咏的这一劝谏不无干系。

批评讲究艺术，做到"良药不苦口"

俗语说，"良药苦口利于病，忠言逆耳利于行"，可是到了现实生活中却不完全是那么回事了。几乎人人都爱听赞美之词，不愿意听评批之语，究其原因，主要是因为人们不懂批评的方法，不善于把握批评的艺术。

批评讲究艺术，既能达到批评的目的，又不至于伤害每个人都拥有的自尊心，批评若能做到"良药不苦口"，才算是真正做到家了，以下几条原则是批评艺术的集中表现。

（1）批评要态度鲜明，忌含糊

在决定批评内容前，先要知道自己的批评是针对哪一种行为表现的。确定了这一点，才不至于把话说得含含糊糊，也会使对方觉得你是在负责任地批评他。

批评切忌表达含糊不清。有的人因担心被人视为刻薄尖酸，用一些很委婉的语言来表达批评，如将"喜欢斗殴"说成"为赢得论点及吸引注意面诉诸体力手段"；将"说谎"说成"难于区分幻想与实际"；将"作弊"说成"有待进一步学习公平竞争的规则"。这样说，虽让人听得不那么刺耳，但失去了批评的语气，显得像是在调侃。

（2）换种批评方式，效果会更好

不直接批评对方，而用打比方、举例子的办法提醒对方，促使对方解除疑虑或恐惧，提高认识改正缺点。

有时，无声的行为更甚于有声的批评。例如有一个大老板开办了许多大商店，他每天都要到商店去看看。一天他发现一个顾客在柜台前等着买东西，谁都没注意到他。售货员站在柜台的另一边正在聊天。这时，这个大老板没说一句话，迅速站到柜台后面，给顾客拿了要买的东西。他的这种行动便是对售货员的无声批评。

（3）批评的重点不在错误

一般的批评，只是把重点放在对方的"错误"上，却并不指明对方应如何去纠正，因此收不到积极的效果。积极的批评，应在批评时，提出建设性意见，以利对方改正，被批评者也会更加认识到你批评得很有道理，心悦诚服。

（4）设身处地替对方想一想

设身处地有两种方法：一种是让被批评者站在批评者的角度，让他想一想："如果你是我，你想想，我出了这样的错，你批评不批评？"让他换个位置来认识自己的过错。二是让批评者站在被批评者的角度，假如我是他，我对自己的过失是否已经有了很深刻的认识，甚至会主动检讨而不希望被人严厉呵斥？

双方均为对方设身处地地想一想，在做出批评与接受批评方面就容易协调起来了。批评者也就能视对方过错认识程度的深浅而把握批评程度的分寸。

（5）批评要注意场合

某些批评本来是公正有理的，在某些情况下可能效果不错。但如果选的时间、地点不对，效果就会截然相反。如果某人常常在同事面前被老板批评，他一定会感到羞辱窘迫，甚至是不满、愤怒。事后他最先想到的是同事们会有什么看法和想法，而不会注意到老板批评的内容。这样不但批评没有效果，反而会让他产生其他想法。所以，如果你希望自己的批评取得更大的效果，就应该注意说话的时间、地点，该一对一批评的就不能有第三者在场。当着不相干的第三者或众人之面直接批评某人，不仅使被批评者沮丧或气恼，还可能会使在场的每个人都感到尴尬，担心"下次会不会轮到我"，从而与你在心理上产生疏远感，等于是批评一个，得罪一群。

（6）批评口气要尽量委婉

被质问会给人产生一种不信任感，会把对方逼到敌对、自卫的死角。

被训斥会让人觉得低人一等，被藐视，感觉人格上受到侮辱，会使对方感到很压抑、反感。

而口气温和、委婉，会使对方心理上产生内疚感，从而愉快地接受批评。批评时，态度要诚恳，语气要温和。得体的语调、表情或其他的身体语言，可以避免彼此意见沟通时的敌意。

以上几种批评的方法若运用得合理恰当，能给批评方和被批评方都带来相对平和的心态和较好的结果，反之不但会伤了和气，还有可能造成不必要的误解和分歧。批评是为了问题的解决，因而批评方式的采用是为了批评目的而服务的。只有批评方式恰当而合理，别人才会欣然接受，这样的说话方式别人才最爱听。

从对方能接受的角度去批评

换个角度，从被批评者乐于接受的角度出发，其结果将往往出乎我们的意料。

迪肯斯经常在他家附近的一处公园内散步和骑马，他非常喜欢橡树。因此，当他看到那些嫩树和灌木，一季又一季地被一些不必要的大火烧毁时，便觉得十分伤心。那些火灾并不是疏忽的吸烟者所引起的，它们几乎全是由那些到公园内去享受野外生活、在树下煮蛋或烤热狗的小孩儿们所引起的。有时候，火势太猛，必须出动消防队来才能扑灭，在公园的一个角落里，立着一块告示牌说，任何人在公园内生火，必将受罚或被拘留。但那块牌子立在公园偏僻角落里，很少有人看到。迪肯斯到公园里去骑马的时候，其行为就像一位自封的管理员，试图保护公家土地。刚开始的时候，他不会试着去了解孩子们的看法，一看到树下有火，心里就很不痛快，急于要做件好事，结果却做错了。他总是骑马来到那些小孩子面前，警告说，他们可能会因为在公园内生火，而被关进监牢去。并以权威的口气命令他们把火扑灭；如果他们拒绝，就威胁叫人把他们逮捕起来。迪肯斯说他自己只是尽情地发泄某种感觉，根本没有想到他们的看法。

结果呢？那些孩子服从了，心不甘情不愿而愤恨地服从。

等迪肯斯骑马跑过山丘之后，他们很可能又把火点燃了，并且极想把整个公园烧光。

迪肯斯严厉的批评方式显然没有起到任何的效果，于是，他不再下命令，他骑马来到那堆火前面，说出了下面的这段话：

"玩得痛快吗？孩子们，你们晚餐想煮些什么？……我小时候自己也很喜欢生火——现在还是很喜欢。但你们应该知道，在公园内生火是十分危险的。我知道你们这几位会很小心，但其他人可就不这么小心了。他们来了，看到你们生起了一堆火，因此他们也生了火，而后来回家时却又不把火弄熄，结果火烧到枯叶，蔓延起来，把树木都烧死了。如果我们不多加小心，以后我们这儿连一棵树都没有了。你们生起这堆火，就会被关入监牢内。但我不想太啰唆，扫了你们的兴。我很高兴看到你们玩得十分痛快，但能不能请你们现在立刻把火堆旁边的枯叶子全部拨开，并在你们离开之前，用泥土，很多的泥土，把火堆掩盖起来，你们愿不愿意呢？下一次，如果你们还想玩火，能不能麻烦你们改到山丘的那一头，就在沙坑里生火？在那生火，就不会造成任何损害……真谢谢你们，孩子们，祝你们玩得痛快。"

果然，孩子们不再在树下生火了，他们接受了迪肯斯诚恳的建议。

我们在批评他人时往往会以事物本身的对错来说起，如果我们能换一个思维，从被批评者能够接受的角度出发，那么效果之好往往会超乎我们的想象。

批评讲究方式，别人会更乐于接受

忠言逆耳，良药苦口，自古已然。批评之所以被人拒绝，一般出于两种原因：其一是批评者不了解当事人的处境和造成错误的原因，使当事者感到委屈；其二是批评者采用了权威性的立场，暗示当事人行为的"笨拙"或"愚昧"性质，引起了当事者的反感。所以批评讲究方式对于批评方来说是十分必要的，这样别人才更乐于接受。

行动失误、办了错事的人，常有防卫其自我尊严的倾向。如果有人再以权威者的姿态出现，指责他的想法不够高明，行动不够周密，他的尊严将更感受威胁。这时防卫倾向会更增强，充耳不闻乃是极自然的反应。批评人时，切忌只顾自己一味发脾气，得理不饶人，如不讲究批评的方法和艺术，其结果与初衷只会适得其反。

一次，李主任怒气冲冲地走进办公室，"啪"地一声将一份报告摔在秘书小王的桌上，办公室里的几个人同时都愣住了。李主任以为这是个惩一儆百的好机会，接着大吼道："你看看，干了这么多年，竟写出这样空洞无物的报告，送到总经理手中，一定会以为我们都难胜其任！以后，脑子里多装点工作，上班时间精神振作一点。"说完，他一甩手走了，把小王晾在那儿，尴尬异常。过后，李主任满以为办公室的工作效率会提高，可事与愿违，大家都躲着他，布置工作，不是说没时间，就是说手头有要紧事。李主任这才略品出一点滋味，恍惚意识到此举不明智。人人都爱面子，换一种批评的方法，其结果可能就大不一样了。

期末考试结束了，儿子伟伟除物理考得不好以外，其他成绩还不错。父母将儿子叫到跟前，和蔼地说："伟伟，你这次成绩进步了，我们很高兴。如果你继续努力下去的话，下次物理一定会考得和其他科目一样好。"伟伟高兴地接受了这番赞扬，同时也意识到下学期要加把劲，把物理这科的学习赶上去。

试想，换一种说法，加入"但是"两个字。

"……但是，你如果加强一下物理就更好了。"这很可能使伟伟怀疑赞扬之词原来是批评的"前奏"，因而产生抵触情绪，对他的学习不会有裨益的。

有时将批评寓于无声行动中，会更具有说服力。

有位司机曾经有过这样的经历：有一天他开车违章被拦截，执勤人员礼貌地递给他一张卡片，他还以为是罚款单，可接过一看，上边却印着"安全行车是您和所有家庭的幸福"的字样，他感到非常惭愧，主动认了错。他说："开车十八年，执法单位这样做，真是破天荒头一回。"这种"感化"的批评更具有魅力和人情味，使人乐于改正。在批评时，应尽可能避免损伤对方的自尊心，同时宜用诚恳的态度、平静的口吻，不含讽刺意义的词句，使对方感觉到批评后面的善意和友情，他当然不会有拒绝的理由了。

批评讲究方法和技巧，其得到的结果与粗暴的批评是完全不一样的，和风细雨与急风暴雨产生的结果会完全不同，所以批评别人尽量用一些温和婉转的方法，少用急风暴雨的方法，这样的批评方式别人才会接受。

巧批别人，让对方理解你的难处

在很多时候，我们往往有急事有求于人，但别人可能了解不到你的难处，这时如果你能用智慧来应对别人的懈怠，用巧妙批评来表明你的立场，事情往往会迎刃而解。

庄周是战国时期著名思想家，他一生过着清贫的隐居生活。一天，庄周的家里又揭不开锅了，妻子叹息着一再催促庄周出去想点办法。庄周万般无奈，决定到他的好朋友监河侯那里去借点粮食，以解燃眉之急。事不凑巧，监河侯正在忙于收拾行装准备外出，见到庄周连忙寒暄："多日不见，庄兄大驾光临，不知又有何见教？"庄周直截了当地讲明了来意。监河侯说："借粮之事好商量。我正要进城收租金，等我收完租金回来，再借给你300两银子，好吗？"说完，就要动身上路了。

庄周听了监河侯的回答，心里又气又急。心想：你到城里来回一趟要半月之久，等你回来，我一家老小岂不是全饿死了吗？

好在庄周的口才远近闻名，他略一思索，对监河侯说："仁兄且慢，你陪我喝完这杯茶再走好吗？"监河侯无奈，只好又坐了下来。庄周一面喝茶，一面对监河侯说："昨天，在我离家来你处的路上，听到有呼救的声音。我四处张望，并未看到有什么异样的情况，最后，在路旁的一道曾经积过水的干水沟里，发现一条快要干死的小鱼，在那里张大嘴呼救呢。于是我问它：'小鱼呀小鱼，你从哪里来，怎么变成这个样子呢？'小鱼回答我说：'我从东海来，现在快要干死了，你能不能给我一小桶水，救我一命呢？'我回答它说：'要水吗？这好办，你等着，我去见越国和吴国的大王，请他们设法堵住西江的水，然后，把西江的水引来迎接你回东海，好吗？'小鱼听了很生气地说：'我在这干水沟里快要干死了，只要一小桶水就能活下去。如果照你的打算，等到西江水引来的时候，那就只能到卖干鱼的货摊上找我了。'"听到这里，监河侯羞得满脸通红，立即吩咐家人，到粮仓去满满地装了一袋粮食，借给庄周。庄周接过粮食，谢过监河侯，兴冲冲地回家了。

　　恰到好处的批评，小则可以挽救一家人的性命，大则可以改变一个国家的命运，巧妙批评的魅力也正在此处。